Leoni Hellmayr
Unter dem Asphalt

Leoni Hellmayr

Unter dem Asphalt

Was unter den Metropolen der Welt verborgen liegt

Die Deutsche Nationalbibliothek verzeichnet diese Publikation in der
Deutschen Nationalbibliografie; detaillierte bibliografische Daten sind
im Internet über http://dnb.dnb.de abrufbar.

Der Konrad Theiss Verlag ist ein Imprint der WBG.

© 2014 by WBG (Wissenschaftliche Buchgesellschaft), Darmstadt
Die Herausgabe des Werkes wurde durch die Vereinsmitglieder der WBG ermöglicht.
Satz: Satz & mehr, Besigheim
Einbandabbildung: Cisterna Basilica, Istanbul. © akg-images, Rainer Hackenberg
Einbandgestaltung: Stefan Schmid Design, Stuttgart
Gedruckt auf säurefreiem und alterungsbeständigem Papier
Printed in Germany

Besuchen Sie uns im Internet: www.wbg-wissenverbindet.de

ISBN 978-3-8062-2716-1

Elektronisch sind folgende Ausgaben erhältlich:
eBook (PDF): 978-3-8062-0026-3
eBook (epub): 978-3-8062-0031-7

INHALT

VORWORT

Metropolen sind komplex, laut und immer in Bewegung. Auf der Suche nach Arbeit, Unterhaltung, Kultur, Inspiration und Abenteuer zieht es die Menschen in die Millionenstädte. Neben solchen gemeinsamen Merkmalen hat natürlich jede Metropole ein ganz eigenes Stadtbild und einen individuellen Charakter. Paris ist nicht wie Peking, Lima nicht wie Tokio und Berlin nicht wie Rom. So vielfältig und unterschiedlich wie an der Oberfläche haben sich auch die Unterwelten der Metropolen entwickelt.

Täglich spazieren Millionen von Menschen über Orte, ohne überhaupt von deren Existenz zu wissen. Zugegeben: Mir ging es nicht anders. Vor den Recherchen zu diesem Buch hatte ich keine Vorstellung davon, was sich abgesehen von U-Bahnlinien und der Kanalisation unter Großstädten verbirgt. Wie sehen diese Orte aus? Wo liegen sie? Welche Geschichten erzählen sie? Mit diesen Fragen begab ich mich in Berlin auf die Suche nach jemandem, der mehr darüber weiß. Beim Berliner Unterwelten e. V. lernte ich Dietmar Arnold und Ingmar Arnold kennen. Sie halfen mir weiter, gaben Antworten auf die vielen Fragen und stellten für mich Kontakte zu Forschern und Vereinen in anderen Metropolen her.

Und so brach ich zu meiner ersten Reise auf, die mich in die Unterwelt von Wien führen sollte. An drei Tagen traf ich drei verschiedene Untergrundexperten. Statt zum Stephansdom oder zur Hofburg führten sie mich hinab in mehrstöckige Keller, ehemalige Luftschutzstollen und verlassene Bunker unter der Großstadt. Ohne die Untergrundexperten hätte ich all diese Räume niemals kennengelernt. Denn sie allein wissen, wo die Eingänge in das unterirdische Reich liegen und wie sich so manche der verschlossenen Türen öffnen lässt. Die Begeisterung dieser Menschen für „ihre" Unterwelt war ansteckend. Der Funke für das Thema war spätestens jetzt auf mich übergesprungen.

In der folgenden Zeit besuchte ich viele weitere Metropolen, unter anderem Istanbul, London, Paris und Neapel. Auf jeder dieser Reisen begegneten mir – mal geplant, mal ganz zufällig – hilfsbereite Menschen, die für dieses Thema brennen und keine Mühe scheuten, mir viele der verborgenen und geheimnisvollen Orte zu zeigen. Für die weit entfernten Städte, die ich nicht persönlich besuchen konnte, fand ich ebenfalls Experten. Über die Distanz hinweg schafften auch sie es, mir eine gute Vorstellung von den Unterwelten ihrer Städte zu vermitteln.

Die Recherchen zu diesem Buch haben mich viel gelehrt und mir im wahrsten Sinne des Wortes neue Welten geöffnet: Unter den Metropolen zeugen alte Katakomben und ehemalige Steinbrüche von der Vergangenheit, modernste Drainagesysteme und unterirdische Einkaufsstädte weisen in die Zukunft. Es gibt Quadratkilometer große Bunker, weitverzweigte Höhlensysteme, Wasserauffangbecken so hoch wie Kathedralen – und sogar ein römisches Theater mitten im Keller eines Wohnhauses. Der Untergrund ist voller Überraschungen. Man findet dort so ziemlich alles, was man sich vorstellen oder auch nicht vorstellen kann.

Dem Umstand, dass sie nicht sichtbar an der Oberfläche, sondern gut versteckt im Untergrund liegen, haben manche dieser Räume es überhaupt erst zu verdanken, dass sie bis heute existieren. Anderen Unterwelten könnte aber ausgerechnet ihre Unsichtbarkeit bald zum Verhängnis werden.

Viele Personen haben mir in ganz unterschiedlicher Weise dabei geholfen, dieses Buch zu verwirklichen. Ganz besonders danken möchte ich

Dietmar Arnold, Ingmar Arnold, Michel Boisvert Ph. D., Robert Bouchal, Philipp Brenneisen, Peter Hegedus, Maja Linnemann, Gabriele Lukacz, Lorenzo Magri, Dr. Cigdem Özkan-Aygün, Klaus Pinker, Szilard Regos, Dr. Marcello La Speranza, Gilles Thomas, Dr. Markus Trier, Victor Wang, Yuan Yao und Yuan Yue.

Für besonders viel Unterstützung, Geduld und Zuhören möchte ich mich bei Anne Hellmayr und Christoph Schwamm bedanken. Für die wunderbare Möglichkeit, einen Großteil des Buches in völliger Abgeschiedenheit im schönen Schwarzwald schreiben zu können, danke ich Cornelia Koglin und Hubert Böll.

1.

KOPF AN KOPF

Was haben Paris und Neapel gemeinsam? Beide Metropolen stehen über einem löchrigen Geflecht aus Steinbrüchen. Die Bewohner bezogen das Baumaterial für ihre Städte direkt aus dem Boden unter ihren Füßen. Das war riskant. Regelmäßig brachen Straßen und Häuser ein. Andererseits funktionierte es offenbar. Jedenfalls existieren Paris und Neapel bis heute.

Die Bewohner beider Städte hatten irgendwann denselben Gedanken: Warum die Hohlräume der Steinbrüche ungenutzt lassen? Vor allem für die Gebeine der Menschen, die tausendfach den vielen Epidemien zum Opfer gefallen waren, gab es hier unten ausreichend Platz. Die eine Stadt ließ ihren unterirdischen Friedhof dekorativ einrichten und machte ihn zum beliebten Sonntags-Ausflugsziel. Auch die Einwohner der anderen Stadt wollten den Kontakt zu ihren Toten im Untergrund nicht ganz abbrechen …

Paris

„Arrête! C'est ici l'empire de la mort" – Halte an, hier ist das Reich des Todes. Keine einladenden Worte, die da in großen Buchstaben über dem Eingang stehen. Aber es führt kein Weg daran vorbei. Entweder die Aufschrift ignorieren und hineingehen oder umkehren: zurück über einen schmalen, endlos erscheinenden Pfad und 131 Stufen an die Oberfläche. Alle Besucher entscheiden sich, den Eingang zu betreten. Und eigentlich wundert sich auch niemand über

Pfeiler aus aufeinandergestapelten Steinen stützen diesen Steinbruch unter Paris.

das Schild. Sie sind jetzt, nach 20 Metern Abstieg in die Tiefe und einem längeren unterirdischen Fußmarsch, endlich da angekommen, wo sie hin wollten: in den Katakomben von Paris.

Das Reich des Todes wird gleich nach dem Eingang in seiner ganzen Dimension sichtbar: Menschengebeine reihen sich an beiden Seitenwänden des Ganges auf. Leere, schwarze Augenhöhlen der Totenköpfe starren die Besucher an. Weder Gitter noch Glaswand trennen sie voneinander. Die Knochen sind akkurat aufeinanderge-schichtet, ab und zu unterbrochen von den dekorativ angeordneten Schädeln, manchmal sogar in Form eines Herzens. Erst nach einer halben Stunde endet der makabre Parcours. Es geht zurück an die Oberfläche.

Was die Besucher gesehen haben, ist lediglich ein kleiner Abschnitt des Totenreichs. Und die Katakomben bilden wiederum nur einen Bruchteil der Pariser Unterwelt: Seit Jahrhunderten steht die Hauptstadt auf einem 300 Kilometer langen Labyrinth aus ehemaligen Steinbrüchen. Während nahezu aller Epochen waren die Pariser fasziniert von dem, was unter ihren Füßen lag. Literaten schrieben über die Steinbrüche und Fotografen hielten die Stollen in Bildern fest. Immer wieder zog es mutige Abenteurer in die verzweigten Gänge. Zumindest, wenn die unterirdischen Räume nicht wieder einmal zu wanken drohten.

Ähnlich wie bei einem Blätterteig schichten sich unter Paris Sedimente aus 250 Millionen Jahren übereinander. Was die Menschen brauchten, um die Stadt zu errichten, fanden sie in bester Qualität direkt unter sich. Die Fundamente des Louvre, des Palais Royal und des Hôtel des Invalides, ja selbst die Stadtmauern und ein großer Teil der Kathedrale Notre Dame wurden aus dem örtlichen Kalkstein errichtet. Das Baumaterial unter Paris war nicht nur bei den Stadtbewohnern äußerst begehrt. Auch weit entfernte Gemeinden wie Étampes und Chartres bestellten hier den Kalkstein für den Bau ihrer Gotteshäuser.

Die meisten Steinbrüche liegen tiefer als die Metro und die Kanalisation. Von diesem riesigen Geflecht fällt flächenmäßig nur ein Bruchteil auf die Katakomben. Die Knochenhäuser sind erst 230 Jahre alt, während die ersten unterirdischen Stollen bereits im 12. Jahrhundert entstanden.

Als viele Jahrhunderte zuvor die Römer sich in dieser Gegend niedergelassen hatten, blieb ihnen das kostbare Baumaterial im Boden nicht lange unbemerkt: Vor allem Kalkstein, aber auch Gips fanden sie in rauen Mengen. Sie gruben die verschiedenen Gesteine aus, um die Provinzstadt Lutetia, so der antike Name von Paris, aufzubauen. Im Gegensatz zu den späteren Förderungen im Mittelalter lagen ihre Baugruben noch unter freiem Himmel. An den Stellen, wo sich der Kalkstein besonders weit oben befand, trugen sie die darüber liegende Bodenschicht ab. Das war eine einfache und kostengünstige Methode. Doch meistens lag die Kalksteinschicht viel tiefer, sodass ein großflächiges Abtragen der oberen Schichten nicht mehr möglich gewesen wäre. Stattdessen ging man dazu über, unterirdische Stollen zu bauen. Auf diese Weise blieb die oberste Bodenschicht auch für die Landwirtschaft weiterhin nutzbar.

Ab dem 12. Jahrhundert schufteten Steinbrucharbeiter in ständiger Finsternis. Es waren vor allem Immigranten aus den ärmeren Provinzen, die trotz der schlechten Bezahlung diesen gefährlichen Beruf ausübten. An hölzernen Förderrädern über den senkrechten Schächten zogen die Arbeiter unermüdlich tonnenschwere Steinblöcke aus der Tiefe empor. Mit gelblichem Staub am ganzen Körper und auf ihrer zerlumpten Bekleidung machten sie, wenn sie sich an der Oberfläche zeigten, einen eher unheimlichen Eindruck. Die Pariser Gesellschaft beäugte die Steinbrucharbeiter argwöhnisch, beschrieb sie als dreckig, abgezehrt und verwahrlost. Auch Alexandre Dumas schildert in seinem Werk „Les Mille et un Fantômes" schaurig-fasziniert das Leben der Steinbrucharbeiter: Durch die Dunkelheit ihres Arbeitsplatzes hätten diese Menschen die Instinkte von Nachttieren, seien schweigsam und wild.

Der Beruf war nicht nur gering geschätzt und schlecht bezahlt, sondern auch anstrengend und sehr gefährlich. Regelmäßig ereigneten sich Unfälle, oft mit tödlichen Folgen. Stützende Balken in den Stollen drohten einzubrechen und auf die Arbeiter zu fallen. Manchmal riss das Kabel eines oberirdischen Förderrades, das daraufhin ungebremst weiterdrehte. Die Männer, die sich zu nah daran aufhielten, wurden dann wie von einer riesigen Schleuder in die Luft katapultiert.

In den Vororten von Paris gruben sich die Arbeiter zunächst seitlich in die Hügel vor. Später bauten sie senkrechte Schächte in den Boden, weil sich dadurch die Stollen besser belüften ließen. Jahrhundertelang wurde der Steinabbau auf diese Weise extensiv betrieben. Es gab so viele Förderräder in der Gegend um Paris, dass verschiedene Künstler die auffallenden Maschinen in ihren Gemälden

In den Katakomben von Paris.

verewigten. Kalkstein als Baumaterial, Gips für Geschirr, Kies für die Glasherstellung, Mergel und Lehm für Ziegel und Backsteine – im Boden gab es kaum etwas, für das die Stadtbewohner nicht irgendeine Verwendung fanden.

War der Stollen komplett ausgebeutet, geriet er zumeist bald in Vergessenheit. Währenddessen veränderte sich die Oberfläche der Stadt. Paris dehnte sich aus. Die Stadtmauern mussten mehrmals erweitert werden, die Vororte wandelten sich zu neuen Bezirken der Großstadt. Stollensysteme, die einst außerhalb von Paris lagen, befanden sich plötzlich direkt unter den Straßen und Häusern der Hauptstadt. So haben heute das fünfte, sechste sowie das zwölfte bis 16. Arrondissement eines gemeinsam: In ihrem Untergrund liegen Kalksteinbrüche. Die Arrondissements 18, 19 und 20 sind dagegen von 65 Hektar großen Gipsstollen unterhöhlt. Eine Gesamtfläche von 2350 Hektar durchlöchert die Unterwelt von Paris und den benachbarten Départements Hauts-de-Seine und Val-de-Marne.

Damit die Steinbrüche nicht einstürzten, ließen die Arbeiter zunächst massive, natürliche Pfeiler aus Kalkstein stehen, mit denen die Stollen stabilisiert wurden. Um aber auch auf dieses Material nicht mehr verzichten zu müssen, ersetzten sie ab Anfang des 16. Jahrhunderts die Pfeiler mit kleineren, aufeinandergestapelten Steinen, die bis zur Decke reichten. Zwischen diesen Pfeilern wurden Trockenmauern hochgezogen und die leeren Räume mit Steinen und Schutt aufgefüllt. Diese Technik stabilisierte die Stollen jedoch nur mittelmäßig. Jedenfalls stürzte der Boden von Paris weiterhin regelmäßig ein.

Ein solcher „Fontis" entsteht immer auf dieselbe Weise: An der Decke der Stollen bilden sich Risse. Erst fallen nur kleine, dann größere Erdbrocken herab. Ein glockenförmiger Durchbruch wächst langsam nach oben. Es kann Jahre, manchmal auch Jahrhunderte dauern. Früher oder später aber erreicht der Durchbruch die Oberfläche. Die Gebäude über dem Fontis verlieren irgendwann ihren Halt.

Vor allem im 18. Jahrhundert brach der Boden unter Paris regelmäßig auf. Mal stürzte ein Haus ein, dann eine Häuserreihe. Sogar ganze Straßen versanken von einem Moment auf den anderen im Erdboden. Panik breitete sich in der Bevölkerung aus. Die Stadt musste handeln. Im Jahr 1777 gründete sie den „Service de l'Inspection des Carrières". Der Architekt Charles-Axel Guillaumot wurde zum Generalinspekteur ernannt und stand an der Spitze dieser Behörde. Die Stadt erteilte ihm einen klaren Auftrag: den Untergrund von Straßen und öffentlichen Gebäuden zu stabilisieren, und zwar sofort. Um die Stollen unter Privathäusern mussten sich die Eigentümer hingegen selbst kümmern. Laut dem bürgerlichen Gesetzbuch gehört ihnen alles, was unter ihrem Grundstück liegt – bis zum Mittelpunkt der Erde! Guillaumot ließ sich von dem Mammutprojekt nicht entmutigen. Im Gegenteil: Äußerst präzise, energisch, beinahe manisch gab er sich seiner neuen Aufgabe hin. Zunächst verschaffte sich Guillaumot einen Überblick über das unterirdische Geflecht und erstellte Pläne von allen bekannten Steinbrüchen. Für seinen Arbeitsauftrag zögerte er auch nicht, persönlich in die einsturzgefährdeten Stollen hinabzusteigen, um sich ein Bild von den bisherigen Sicherungsmaßnahmen zu machen. Er kam zu einem vernichtenden Urteil: Die Steinbrucharbeiter der vorherigen Generationen hatten in seinen Augen unprofessionell und stümperhaft gearbeitet. Die Gefahr von weiteren Einstürzen in der Stadt hielt er für sehr wahrscheinlich. Daraufhin begannen Bauarbeiten, um das Stollensystem erneut, dieses Mal aber mit längerfristigem Erfolg, zu sichern. Obwohl das Ganze fernab von den Augen der Gesellschaft geschah, legte Guillaumot viel Wert auf Perfektion. Die Arbeiter ersetzten die alten Pfeiler aus aufeinandergestapelten Steinen durch massive Pfeiler, die aus Kalkstein, Beton und Mörtel bestanden. Die Stützpfeiler wurden säuberlich verfugt und in gleichmäßigen Abständen aufgestellt, die Hohlräume mit Schutt und Steinen aufgefüllt. Auf steinernen Tafeln gravierten die Arbeiter die Namen der Straßen und Gebäude ein, die parallel über den unterirdischen Galerien verliefen. So gibt beispielsweise in den Katakomben bis heute eine Tafel mit der Aufschrift „Avenue de Montsouris" dem Besucher eine Vorstellung davon, wo er sich gerade befindet. Auf Steinen ritzten die Arbeiter statt Straßennamen kryptische Buchstaben- und Zahlenkombinationen ein. Diese informieren über das Datum und den zuständigen Chefingenieur, der den jeweiligen Stollen stabilisieren ließ. Es dauerte 100 Jahre, bis die von Guillaumot begonnenen Bauarbeiten im Untergrund abgeschlossen waren.

Trotz der umfangreichen Befestigung der Stollen kam es immer noch, wenn auch viel seltener, zu vereinzelten Einstürzen. Beispielsweise 1909, als die Rue Tourlaque unter den Füßen der Passanten nachgab. Und dennoch gilt Guillaumot dank seiner Leistung als der Mann, der Paris wortwörtlich vor dem Untergang bewahrte.

Obwohl fast alle Steinbrüche aufgefüllt wurden, ist bis heute ein großes Netzwerk aus Stollen und Beobachtungsgängen übrig geblieben. Dazu gehört auch der Kalksteinbruch unter dem Hôpital Cochin im 14. Arrondissement. Im Jahr 1983 hat die historische Gesellschaft SEADACC angefangen, diese Räume zu erforschen und einen Abschnitt wieder zugänglich zu machen. Im „Carriere des Capucins" haben sich Spuren aller Epochen erhalten: massive Pfeiler aus der Anfangszeit des Stollens, Trockenmauerwerk aus dem 15. Jahrhundert sowie Stützpfeiler aus der Zeit Guillaumots. Es ist eine der wenigen (legalen) Möglichkeiten, den Untergrund von Paris in seiner ganzen Breite kennenzulernen.

Während die Bauinspektion im Boden von Paris gegen Fontis-Einbrüche und ungesicherte Stollen kämpfte, hatten die Bewohner auf der Oberfläche noch eine ganz andere Sorge: Es stank zum Himmel in dieser Stadt – nach Leichen! Permanent schlechter Geruch in den Pariser Gassen war an und für sich nichts Neues. Aber ab Mitte des 18. Jahrhunderts wurde neben dem Gestank nach Abfällen und Exkrementen jener der Verwesung immer penetranter. Die Toten überfüllten die Stadtfriedhöfe. Besonders auffällig war das in der Umgebung des Cimetière des Innocents. Über viele Jahrhunderte hinweg hatten sich die Gebeine von sämtlichen Pariser Kirchengemeinden auf diesem Friedhof angesammelt. Tausende Opfer der vielen Hungersnöte und Seuchen lagen hier in Massengräbern bestattet. Die Kapazität des größten innerstädtischen Friedhofes mitten im Zentrum von Paris war schon seit langem ausgeschöpft. Das Niveau des Friedhofbodens hatte sich wegen der Leichenberge um zwei Meter erhöht. Und weil die Bevölkerung ständig wuchs, nahm auch die Zahl der Toten zu. Um Platz für die Bestattung der jüngst Verstorbenen zu schaffen, wurden die Überreste der Toten aus den Gräbern in oberirdische Ossuarien umgelagert, oft bevor sie vollständig verwest waren. Über den benachbarten Stadtgebieten schwebte allgegenwärtig der süßliche Leichengeruch. Giftige Dämpfe zogen in die Häuser und blieben in den Tapeten hängen. Berichten zufolge wurde Milch in nur wenigen Stunden sauer, Wein wurde zu Essig. Erst 1780, als die Wand eines Kellers einbrach, Leichen in den Raum purzelten und mehrere Bewohner an den austretenden Faulgasen erkrankten, verbot die Stadt weitere Beisetzungen im Cimetière des Innocents. Fünf Jahre später folgte die Entscheidung, den Friedhof vollständig aufzulösen. Doch wohin mit den Toten? Steinbruchinspektor Guillaumot nahm sich der Frage an und fand einen geeigneten Ort. Die Stollensysteme kannte er mittlerweile gut und wusste, welcher Abschnitt sich für die Lagerung der Gebeine eignete. Südlich der Seine und außerhalb der Stadtmauern ließ er einen konsolidierten Sektor vom übrigen Stollensystem abtrennen. Und dann ereignete sich lange Zeit in jeder Nacht dieselbe sonderbare und unheimliche Szene. Begleitet von Fackelträgern holperten schwarz verhängte Pferdekarren über das Pflaster der Gassen. Priester folgten der Kolonne. Ihr Gesang und das Poltern der Wagen durchbrachen die Stille der Nacht. Die Ladung: Berge von Knochen aus dem Cimetière des Innocents. Das Ziel: die von Guillaumot ausgewählten Steinbrüche am linken Seineufer. Kaum dort angekommen, wurden die Knochen recht pietätlos in einen senkrechten Schacht gekippt. Arbeiter im Stollen verteilten die Knochenhaufen auf die verschiedenen Hohlräume. Und in den folgenden Jahren verschwand der Verwesungsgeruch langsam aus den Straßen von Paris.

Auch die übrigen innerstädtischen Friedhöfe wurden geschlossen, ihre Toten ebenfalls zu den Steinbrüchen, die auf den Namen „Tombe Issoire" getauft wurden, transportiert. Die Katakomben sollten die neue Ruhestätte für die Gebeine von rund sechs Millionen Verstorbenen werden.

Ende des 18. Jahrhunderts begann ein unglaublicher Besucheransturm auf die Katakomben. Im Jahr 1809 übernahm Héricart de Thury den Posten des kurz zuvor verstorbenen Guillaumot. Stabilität, Ordnung und Ruhe – das, wonach sich die Pariser nach der Revolution so sehr sehnten, führte Thury auch in der Unterwelt ein.

Unter seinen Weisungen schichteten die Arbeiter Gelenkknochen, Schienbeine und Schädel akkurat aufeinander.

Das Ergebnis können die Besucher bis heute sehen: Wände aus Knochen, 1,50 Meter hoch, viele Kilometer lang. Ob Aristokraten, Bürger, Handwerker, Bettler, Frauen oder Männer – gesellschaftliche Unterscheidungen gibt es bei den Toten in den Katakomben nicht mehr. Selbst die Überreste berühmter Persönlichkeiten wie des Revolutionärs Maximilien de Robespierre oder des Schriftstellers Jean Baptiste Racine befinden sich irgendwo zwischen den Millionen Gebeinen. Wenn sie nicht in den chaotischen Haufen hinter den dekorativ gestapelten Mauern liegen, sind sie bis heute Teil eines einzigartigen Kunstwerkes aus Knochenreihen, Totenkopfreihen und -girlanden an beiden Seiten der langen Gänge. Pilaster, Tafeln mit Sinnsprüchen und Kreuze unterbrechen die Eintönigkeit der Wände.

Thury war stolz auf das Ergebnis und vor allem darauf, dass er mit diesem Grabmonument Künstler und Reisende aus dem Ausland beeindrucken konnte. Die Katakomben wurden zum beliebten Ausflugsziel für die Bewohner wie auch für die Besucher der Stadt. Am Wochenende zog es ganze Familien in die Katakomben. Jeder wollte die neue Attraktion sehen. Fasziniert und schaudernd zugleich spazierten die Besucher an den dekorativen Wänden aus Gebeinen vorbei. Im Jahr 1830 wurden die Katakomben geschlossen, unter anderem wegen Vandalismus. 20 Jahre später bei der Wiedereröffnung begann erneut ein reges öffentliches Interesse an dem unterirdischen Ossuarium. Während der Öffnungszeiten bildeten sich lange Menschenschlangen vor dem Eingang. Für die vornehme Gesellschaft wurden in den Knochenkammern Konzerte aufgeführt und Gedichte vorgetragen. Ab und zu sollen Liebespaare sich absichtlich in den Gängen verirrt haben, um die Zweisamkeit zwischen Totenschädeln mit Gänsehaut und Kribbeln im Bauch zu genießen.

Lediglich ein zwei Kilometer langer Abschnitt der Katakomben ist für die Öffentlichkeit zugänglich. Andere Bereiche der Steinbrüche zu betreten ist illegal und wird mit Bußgeldern bestraft. Na und? Verbote sind da, um gebrochen zu werden. Jedenfalls lassen sich die „Kataphilen" von solchen Regeln noch lange nicht daran hindern, ihrer großen Leidenschaft nachzugehen. Im Gegenteil: Für sie liegt gerade im Verbot der Reiz, die Gänge zu durchwandern, die fernab von den vielbesuchten Katakomben liegen.

Kataphile lieben die Welt unter Paris. In den 1980er Jahren blühte die Untergrundszene richtig auf. Jugendliche stiegen durch die Kanaldeckel in den Untergrund, sprayten Graffiti an die Wände und feierten wilde Partys. Manchen Zeitungen zufolge sollen sogar schwarze Messen hier unten stattgefunden haben. Daraufhin ließ die Stadt viele Kanaldeckel verschweißen, andere Eingänge zumauern oder mit Gittern verschließen.

Wo ein Wille ist, findet man aber immer einen Weg – auch nach unten. Und die Kataphilen kennen sich auch ohne Karten in dem weitverzweigten Labyrinth aus. Zu der Gemeinschaft gehören Punks, Graffitikünstler, Fotografen, Touristen, Menschen aller Altersstufen. Im Internet tauschen sie Informationen aus, verabreden sich zu Touren, organisieren Partys, aber auch Treffen, um gemeinsam den Müll in den Stollen zu beseitigen. Bei den unterirdischen Spaziergängen riskieren sie, sich doch einmal zu verirren. Oder den Polizisten einer Spezialeinheit in die Arme zu laufen, die regelmäßig in den Gängen patrouillieren.

Nach dem Abstieg in den Untergrund steht man inmitten der Geschichte von Paris. Spuren aus 2000 Jahren haben sich überall erhalten: jahrhundertealte Wandmalereien und Steinskulpturen, Brunnen und Straßenschilder. Oder auch das Grabmal des legendären Philibert Aspairt. Im Jahr 1793 soll der Schlosser sich im Untergrund verlaufen und nie wieder herausgefunden haben. Erst elf Jahre später wurde sein vermeintlicher Körper in einem Stollen entdeckt. An derselben Stelle begrub man ihn und errichtete ihm ein Grabmal, das bis heute immer wieder von Untergrund-Liebhabern aufgesucht wird.

In wenigen Metropolen existiert eine solche Gemeinschaft wie die der Kataphilen in Paris. Neben der Abenteuerlust zieht es sie noch aus einem anderen Grund manchmal bis zu zwölf Stunden lang in die Tiefe: völlige Dunkelheit und absolute Stille – zwei Dinge, die es in der Metropole auf der Oberfläche nur selten gibt.

Neapel

„Ich will die Unterwelt Neapels besuchen." Auf eine solche Absichtsbekundung folgen wahrscheinlich skeptische Blicke und unsicheres Lachen. Ach so? In die Unterwelt Neapels? Etwa auf einen Espresso mit der Camorra? Es ist das traurige Schicksal der Stadt am Fuße des Vesuvs, von vielen Menschen stets mit Kriminalität, Armut und der niemals endenden Müllkrise in Verbindung gebracht zu werden. In Neapel sollte man auf der Hut sein, auffallenden Schmuck und Uhren lieber zu Hause lassen, unterwegs die Tasche immer fest unter dem Arm eingeklemmt haben.

Doch bereits ein Spaziergang durch die engen Gassen der Altstadt zeigt, wie farbenfroh, lebendig und fröhlich Neapel ist. Konditoreien präsentieren in den Schaufenstern gefüllte Blätterteigtaschen und süßes Gebäck, über die Köpfe der Passanten hinweg unterhalten sich Frauen von Fenster zu Fenster lautstark miteinander, während sie frisch gewaschene Kleidung auf Wäscheleinen aufspannen. Jugendliche schlängeln sich auf ihren Motorrollern an den Fußgängern vorbei. In den vielen Osterien genießen die Neapolitaner Aperitivi, zusammen mit frischen Oliven und eingelegten weißen Bohnen.

Doch zurück zur Reise in den echten Untergrund Neapels, fernab von zwielichtigen Gestalten. Ohne diese Unterwelt hätte es die Stadt, so wie sie heute ist, niemals gegeben. Vergangenheit und Gegenwart liegen in Neapel ganz nah beieinander. Unter der Oberfläche verhält es sich nicht anders.

Der Vesuv prägte seit jeher die Landschaft und die Kultur der Städte am Golf. Zeiten, in denen er äußerst aktiv war, wechselten sich ab mit langen Ruhepausen. Infolge seiner bekanntesten Eruption im Jahr 79 n. Chr. wurden die römischen Städte Pompeji, Herkulaneum und Stabiae komplett zerstört. Bis heute bleibt der Vesuv aktiv, und so leben die Neapolitaner weiterhin in der permanenten Gefahr, dass ihre Stadt der nächsten großen Eruption zum Opfer fallen könnte. Ironischerweise ist der Vulkan gleichzeitig maßgebend für die Entstehung Neapels gewesen: Weil der Boden in dieser Gegend hauptsächlich aus vulkanischem Tuffstein besteht – leicht abbaubar, gleichzeitig äußerst stabil – begannen die Griechen im 4. Jahrhundert v. Chr., mit dem Tuffstein die Häuser ihrer neugegründeten Stadt Neapolis zu errichten. Die nachfolgenden Generationen machten es den Griechen nach. Immer mehr und immer größere Steinbrüche entstanden. Wie viele Schächte und Gruben unter Neapel liegen, kann nur geschätzt werden. Manche Experten gehen davon aus, dass 60 Prozent der Stadt unterirdisch von Höhlen und Tunneln durchzogen sind. Der Tuff gibt den meisten Häusern Neapels bis heute ihre typisch fahlgelbe Farbe.

Zu wissen, dass die Stadt von einem Boden getragen wird, der ungefähr so hohl ist wie ein löchriger Käse, macht einem nicht unbedingt Mut, der Unterwelt einen Besuch abzustatten. Einer der vielen Wege in die Tiefe beginnt mitten in der turbulenten Altstadt, wo der Verein „Associazione Napoli Sotterranea" Touren anbietet. Die Besucher werden bis zu 40 Meter tief unter die Oberfläche geführt. Schon nach wenigen Metern verschwindet das unbehagliche Gefühl. Von den Geräuschen der lärmenden Mofas und der drängenden Menschenmassen in den engen Gassen ist hier nichts mehr zu hören. Von einem Moment auf den anderen ist die pulsierende Großstadt spurlos verschwunden. Die Reise in die Vergangenheit beginnt.

Für die großen, leeren Schächte der griechischen Steinbrüche fanden die Römer eine praktische Weiterverwendung. Sie integrierten sie in ein Aquädukt, das die Stadt permanent mit frischem Wasser versorgte. Weil die Quellen außerhalb der Stadt sehr niedrig lagen, mussten sie das Aquädukt unterirdisch bauen. So entstand ein leichtes Gefälle, wodurch das Wasser stetig weiterfließen konnte. Die Tunnel zwischen den einzelnen Zisternen waren besonders schmal. Auf diese Weise floss das Wasser noch schneller.

In jedem Haus des alten Stadtzentrums gab es einen Brunnenschacht, aus dem die Hausbewohner das Wasser aus den Zisternen an die Oberfläche schöpften. Legenden zufolge soll sich ein ungebetener Gast durch die offenen Brunnen regelmäßig Zugang in die Häuser verschafft haben. Er war von schmächtiger Statur und trug einen langen Kapuzenumhang, weshalb die Neapolitaner ihn den „Munaciello", den Mönch, nannten. Der Munaciello war zu Besuch, wenn über Nacht Gegenstände verschwanden. Er war aber auch dann zu Besuch, wenn der Ehemann nach einer langen Reise nach Hause zurückkehrte und von seiner Frau mit einem verdächtig dicken Bauch begrüßt wurde. Viele Legenden und Geschichten ranken sich um dieses koboldartige Wesen. Wer sich tatsächlich hinter dem Munaciello verbirgt, lässt sich relativ einfach erklären: Brunnenwärter hatten den Auftrag, die Zisternen regelmäßig zu reinigen. Wegen der engen Verbindungstunnel waren nur besonders schmächtige Männer für diese Aufgabe geeignet. Durch die Brunnenschächte hatten sie problemlos Zugang in fast alle Wohnhäuser. Angesichts des geringen Lohns, den sie für ihren riskanten Beruf erhielten, ist es nicht überraschend, wenn der ein oder andere Brunnenmann versuchte, auf anderen Wegen eine Entschädigung zu erhalten.

Spuren des Schädelkults in der Cimitero delle Fontanelle.

Der Beruf der Brunnenwärter war mühsam und sehr gefährlich. Nur mit einer kleinen Kerze oder Öllampe ausgestattet, kletterten sie ungesichert in die ewige Finsternis. Noch heute sind in den aufragenden Schächten Vertiefungen erkennbar, die sich stufenartig an gegenüberliegenden Wänden hochziehen: Mit gespreizten Armen und Beinen hangelten sich die Brunnenwärter aus schwindelerregenden Höhen nach unten, um die Zisternen zu reinigen, oder stemmten sich nach oben, um wieder an die Oberfläche zu gelangen. Auf den heutigen geführten Touren durch die Unterwelt erhält jeder Besucher eine Kerze, um damit durch den Abschnitt eines Tunnels zu laufen. Der Gang ist so eng, dass man nur seitwärts vorankommen kann. Durch solche Tunnel bewegten sich die Brunnenwärter von einer Zisterne zur nächsten.

Um eine Zisterne zu reinigen, ließen sie den Wasserspiegel bis auf den Boden sinken und fischten dann mit Netzen Schutt und Schlamm heraus. Letztendlich konnten sie trotzdem nur den oberflächlichen Schmutz beseitigen. Das Wasser blieb verunreinigt und wurde zum Nährboden vieler Seuchen. Bei einer besonders heftigen Choleraepidemie im Jahr 1884 starben 7000 Menschen. Die Stadt zog daraufhin endlich Konsequenzen. Das Aquädukt, 2000 Jahre lang durchgehend in Betrieb, wurde geschlossen und durch ein modernes Wasserwerk ersetzt. Das weitverzweigte Netz aus Tunneln und Zisternen geriet in Vergessenheit – zunächst jedenfalls.

Neapel ist, und dies ist nicht nur rhetorisch gemeint, tatsächlich voll von Überresten aus der Antike. Gleichgültig, wo man in der heutigen Altstadt spaziert: Früher oder später fällt der Blick auf eine Hauswand, einen Giebel, ein Eingangstor oder etwas anderes, das so gar nicht zum übrigen Teil des Gebäudes zu passen scheint. Nicht selten gibt es Häuser mit zugleich modernem, barockem und antikem Bauschmuck. In Neapel gehören die Relikte vergangener Epochen auf eine ganz einzigartige, selbstverständliche Art und Weise zum Stadtbild. Statt sie durch einen Zaun abzutrennen oder mit Informationstafeln zu versehen, bleiben Denkmäler der Vergangenheit häufig Gegenstand des öffentlichen Gebrauchs.

Überreste der Antike haben sich bis heute in allen möglichen Formen erhalten, so zum Beispiel auf der Piazza Bellini, wo Ruinen der griechischen Stadtmauer stehen, oder im Straßenbild der Altstadt, das mit dem Verlauf der einstigen römischen Straßen nach wie vor exakt übereinstimmt.

Nicht anders verhält es sich unter der Oberfläche, wie die Teilnehmer der Tour unter der Altstadt schnell feststellen können: Verdutzt blicken sie um sich, als sie plötzlich in einen „Basso", eine typisch neapolitanische, ebenerdige Wohnung, geführt werden. Sie stehen mitten in einem möblierten Schlafzimmer. Es würde wohl niemanden wundern, wenn jetzt der Bewohner des Basso hereinkäme und sich zum Schlafen hinlegen würde. Stattdessen schiebt der Tourguide das Bett zur Seite und zieht eine im Boden eingelassene Falltür auf. Wenige Stufen tiefer versammelt sich die Gruppe im Keller – und zugleich inmitten der Ruinen eines römischen Theaters. Die folgenden Generationen hatten ihre Häuser einfach über die Ruinen gebaut bzw. diese in die neuen Bauten integriert. Mit Ausnahme des Basso mit dem Zugang zum Keller werden die angrenzenden Wohnungen benutzt. Und so erleben die Besucher die absurde Situation, inmitten von 2000 Jahre alten Relikten zu stehen, wo einst Kaiser Nero höchstpersönlich vor rund 7000 Zuschauern gesungen haben soll, während direkt über ihren Köpfen neapolitanische Familien Fernsehen schauen, Wäsche waschen und Abendessen kochen.

Das Theater existierte kaum ein Jahr, als es bereits 65. n. Chr. einem Erdbeben zum Opfer fiel. Dagegen half auch das bis heute an den Kellerwänden sichtbare „opus compositum" nichts: ein Mischmauerwerk, das ständige Erdstöße auffangen sollte.

Während des Zweiten Weltkrieges traf es Neapel so hart wie keine andere italienische Stadt. Zwischen 1942 und 1943 starteten die Alliierten insgesamt 105 Luftangriffe. Die Neapolitaner suchten Schutz vor den Bombardierungen, doch Luftschutzbunker gab es keine. Und so erinnerten sie sich wieder an die fast vergessenen unterirdischen Zisternen und Tunnel.

Zunächst einmal mussten diese wieder begehbar gemacht werden: Bis zu zwölf Meter hohe Berge aus Schutt hatten sich im Laufe der Zeit aufgetürmt. Die Stadtbewohner mussten einen Großteil des Mülls beseitigen. Den Rest zerkleinerten und zerhauten sie und ebneten ihn zu einem Boden ein. Dann waren die Räume endlich bezugsbereit.

Einen Eindruck davon, wie die Menschen während des Krieges ihre Zeit im Untergrund verbringen mussten, erhält man auf der Tour im Tunnel „Borbonico". Eigentlich beabsichtigte Ferdinand II.,

Im Tunnel „Borbonico" versteckten sich während des Zweiten Weltkrieges rund 9000 Stadtbewohner.

König beider Sizilien, sich mit dem Bau des Tunnels im Jahr 1853 einen unterirdischen Fluchtweg aus seinem Palast zu schaffen. Doch der Tunnel wurde nie fertiggestellt.

Knapp 100 Jahre später eigneten sich die leeren Räume ebenso wie die Zisternen hervorragend als Schutzräume vor den Luftangriffen. Rund 9000 Stadtbewohner versteckten sich in 30 Metern Tiefe. Manchmal hielten sie sich bis zu 24 Stunden hier unten auf. Ältere Menschen, denen das Treppensteigen schwerfiel, blieben häufig sogar noch länger. Frische Luft war dank der vielen Brunnenschächte immer ausreichend vorhanden. Allerdings konnte es passieren, dass eine Bombe genau in einen Brunnen hinein fiel, weshalb viele Schächte aufgefüllt werden mussten. Vor allem für die Kinder war die Zeit im düsteren Untergrund beängstigend. Funde von kleinen Autos und Puppen zeigen, dass sie ihre Spielsachen mitnehmen durften, um sich die Zeit zu vertreiben und etwas Ablenkung zu finden. Ein Neapolitaner hat während seines Aufenthalts „Noi vivi", „Wir leben", an eine Wand geritzt. Die Ängste und Hoffnungen der Menschen lassen sich in solchen Graffiti erahnen.

Erst vor einigen Jahren begannen die Mitglieder des Vereins „Associazione Culturale Borbonica Sotterranea", den Tunnel Borbonico und die angrenzenden Zisternen zu erkunden. Neben zurückgelassenen Gegenständen aus Kriegszeiten fanden sie faschistische Statuen, aber auch zahlreiche konfiszierte Autos und Motorräder aus der Nachkriegszeit. Die Polizei hatte die Fahrzeuge einfach hier unten deponiert. Platz war ja genügend da.

Die Neapolitaner nutzten ihre Unterwelt auf vielfache Weise: Im Untergrund suchten sie Zuflucht, nahmen sich Tuffstein als Baumaterial, sammelten Wasser und deponierten all das, was von der Oberfläche verschwinden sollte. Hier bestatteten sie auch ihre Toten. In keiner europäischen Metropole ist der Austausch zwischen Diesseits und Jenseits so präsent wie in Neapel. Ein Besuch im Untergrund von Rione Sanità zeigt, wie intensiv die Neapolitaner ihr Verhältnis zu den Toten pflegen.

Seit vielen Jahren hat das Stadtviertel mit seinem schlechten Ruf zu kämpfen. In der „Hochburg" der Camorra würde es nur so von Dieben und Kriminellen wimmeln. Bloß gut auf die Wertsachen aufpassen. Ach was, am besten gar nicht erst das Viertel betreten!

Diejenigen, die sich trotz solcher Warnungen noch dorthin trauen, können sich ein ganz anderes Bild machen: von dem quirligen Leben auf den Straßen, den imposanten Kirchen und prunkvollen Palazzi. Einst galt Sanità aber auch als das „Tal der Toten", wo die meisten Friedhöfe der Stadt angesiedelt waren. Einige davon können auf den Touren des Vereins „La Paranza" besichtigt werden.

Der Cimitero delle Fontanelle ist ein weiteres Beispiel dafür, wie die Neapolitaner Zeugnisse der Vergangenheit immer wieder den aktuellen Bedürfnissen anpassten und weiter benutzten. In dem Steinbruch – heute 15 Meter hoch und 3000 Quadratmeter groß – trugen Griechen, Römer und die nachfolgenden Generationen Tuffstein ab. Im 17. Jahrhundert hatte das ein Ende. Damals musste Neapel gleich mehrere Katastrophen aushalten. 1631 brach der Vesuv aus. 1647 hielten die blutigen Ausschreitungen der Masaniello-Revolte die Stadtbewohner zehn Tage lang in Atem. Und 1656 folgte die große Pest, deren Ausmaß die vorherigen Katastrophen weit übertraf: Fast die Hälfte der Bevölkerung soll in diesem Jahr ums Leben gekommen sein. Die Toten mussten weggeschafft werden. Die Steinbrüche in der Stadt waren dabei eine praktische Lösung. So entstand auch der Cimitero delle Fontanelle. Bis zu 3000 Tote pro Tag transportierten die Leichenträger in den Tuffsteinbruch. Die Opfer von weiteren Epidemien im 19. Jahrhundert fanden ebenfalls in diesem Friedhof ihre letzte Ruhestätte. Heute sollen hier die Gebeine von 40.000 Toten liegen.

Links und rechts an den Wänden der Höhle stapeln sich die Knochen in mehreren Reihen übereinander, in den Boden sollen ebenfalls

Im Keller eines neapolitanischen Wohnhauses liegen die Überreste eines römischen Theaters.

Massen von Gebeinen hineingepresst worden sein. Es mag den einen oder anderen Besucher an die Katakomben unter Paris erinnern, doch etwas ist anders, irgendwie seltsam. Viele Schädel liegen in kleinen Kästchen auf Kissen, manchmal geschmückt mit Blumen. Je länger man die Gebeine betrachtet, desto mehr ungewöhnliche Details fallen auf: In den Augenhöhlen liegen Münzen, vor den Knochen sind Rosenkränze und Heiligenbildchen drapiert, sogar Bustickets und Bonbons. Neben einem Schädel sitzt eine Barbiepuppe im rosaroten Kostüm.

Nach der großen Pest entwickelte sich in Neapel eine besondere Leidenschaft für das Jenseits und ein den Neapolitanern ganz eigener Schädelkult. Sie beteten für die Seelen der Menschen, die an der Pest gestorben waren, und hofften, sie damit aus dem Fegefeuer retten zu können. Die Gläubigen adoptierten jeweils einen Schädel, pflegten und umsorgten ihn. Das Ritual sollte die Seelen der Toten vom Fegefeuer weg und ein Stück näher zum Paradies führen.

Nach den traumatischen Erfahrungen des Zweiten Weltkrieges besuchten vor allem neapolitanische Frauen Orte wie den Cimitero delle Fontanelle und ließen den Schädelkult wieder aufleben. Sie suchten sich einen Schädel aus, legten ihn auf ein weißes Kissen, gaben ihm einen Namen, polierten ihn und beteten für ihn. Aber all das passierte nicht ohne Hintergedanken. Denn gleichzeitig erwarteten sie eine Gegenleistung von dem Toten und sprachen einen Wunsch aus – ob nun die Geburt eines gesunden Kindes, die Heilung von einer Krankheit oder etwas Glück beim Lottospiel. Dann warteten sie auf ein Zeichen. Geschah in der Zeit darauf etwas Ungewöhnliches, wurde ihr Wunsch gar erfüllt, so setzten sie den Schädel in ein Holzhäuschen mit der Inschrift: „Per Grazia Ricevuta". Aus Dank für den erfüllten Wunsch. Gleich einem Handel gingen Lebende mit den Toten eine wechselseitige Beziehung ein, die jederzeit abrupt enden konnte: Erfüllte der Tote den Wunsch nicht, wurde ihm selbstverständlich auch sein Holzhäuschen wieder weggenommen. Der Gläubige suchte sich daraufhin einen anderen Schädel aus und ging mit ihm erneut eine Beziehung ein.

Der Kirche gefielen solche Bräuche ganz und gar nicht, weshalb sie 1969 alle unterirdischen Friedhöfe schließen ließ. Erst seit wenigen Jahren hat der Cimitero delle Fontanelle seine Tore wieder geöffnet. Der Schädelkult existiert nicht mehr. Aber die vielen Rosenkränze, Kerzen und Geschenke zeigen, dass die Seelen im Fegefeuer den Neapolitanern immer noch sehr am Herzen liegen.

In Sanità gibt es zwei weitere Friedhöfe, die für die Öffentlichkeit zugänglich sind. Die Katakomben von San Gennaro liegen im Hügel von Capodimonte. Hier wurde San Gennaro, der heilige Januarius, bestattet, nachdem er im 4. Jahrhundert unter Kaiser Diokletian verfolgt und enthauptet worden war. Adelsfamilien ließen ihre verstorbenen Verwandten an diesem Ort begraben. Die Fresken ihrer

Grabstätten, die frühesten davon datieren in das 4. Jahrhundert, sind bis heute sehr gut erhalten. Sie zeigen Darstellungen des San Gennaro, aber auch andere Heilige und Figuren aus der Bibel. Die Verstorbenen selbst sind natürlich ebenfalls abgebildet.

Für Gänsehaut sorgen die Fresken in den Katakomben des San Gaudioso unter der Basilika Santa Maria della Sanità. In der Krypta führt ein kleiner Tunnel hinunter in eine Galerie. An den Wänden sind Fresken von fast lebensgroßen Skeletten in vornehmer Kleidung abgebildet. Sie repräsentieren Verstorbene aus der Adelsschicht. Alles ist aufgemalt, mit Ausnahme des Kopfes: Den ersetzte einst ein echter, in der Wand eingelassener Totenschädel. Denn im Kopf, da waren sich die Gläubigen sicher, saß die Seele. Nur der „Wächter" der Galerie ist ganz ohne Fresko, dafür mit einem echten Skelett an der Wand dargestellt. Allerdings wurde das Skelett aus den Knochen ganz unterschiedlicher Individuen zusammengefügt. Das erklärt auch die etwas zu lang geratene Wirbelsäule des Wächters.

Eine Etage unter der Galerie wurden die Verstorbenen auf eine seltsam anmutende Weise mumifiziert. In kleine Nischen in der Wand wurden die Toten zusammengekauert eingebracht, die Köpfe nach hinten gestreckt und die Körper mehrfach angestochen. Nach und nach sickerte die Flüssigkeit aus den Körpern heraus, sie vertrockneten und mumifizierten.

In der Galerie sieht der Betrachter heute über den Fresken nur noch Hohlräume mit wenigen Schädelteilen darin. Der Rest der Schädel fiel im Laufe der Zeit vermutlich der Feuchtigkeit zum Opfer.

Vulkanausbrüche, Erdbeben, Kriege, Epidemien – Neapel hat bis heute allen Katastrophen getrotzt und wurde nie zerstört. Die Geschichte der Stadt ist ein Teil der Gegenwart geblieben. Wo immer der Besucher auch hinschaut: Zeugnisse der Vergangenheit sind überall greifbar. So auch in der Unterwelt Neapels.

2.

GEBAUT FÜR DEN KRIEG

Am 26. September 1940 befahl Hitler, dass „in ganz großem Umfange in Berlin Luftschutzräume hergestellt und eingerichtet" werden sollen. Daraufhin wurden zahlreiche Bunker nicht nur in Berlin, sondern auch in anderen Städten des Deutschen Reiches gebaut, in denen mehr als 100.000 Einwohner lebten und wichtige Rüstungs- und Militäranlagen standen. Das „Führer-Sofortprogramm" gilt als das größte zweckgebundene Bauprogramm der Geschichte.

Gleich Zeitkapseln ruhen die Bunker des Naziregimes noch heute im Boden von Berlin, Hamburg und Wien. Viele von ihnen wurden während des Kalten Krieges reaktiviert – aus Angst vor einem atomaren Angriff. Untergrundforscher und Vereine haben es sich zur Aufgabe gemacht, die verborgenen Bauwerke zu untersuchen, zu erhalten und öffentlich zugänglich zu machen, denn in den Bunkern unter den Metropolen wird Geschichte greifbar.

Berlin

„Und wenn eine Atombombe hochgehen sollte – einfach auf den Boden legen und die Aktentasche auf den Kopf." Der Tourguide, ein junger, schlaksiger Mann mit Dreitagebart, abgetretenen Sneakers und viel zu weiten Hosen, hält kurz inne, bevor er fortfährt: „Ich bezweifle, ob dieses Verhalten bei einer A-Bomben-Detonation wirksam gewesen wäre." Die Besucher blicken schweigend um sich.

Flackernde Neonlampen beleuchten den Raum und geben ihm eine kalte, sterile Atmosphäre. Die Wände und Decken sind kahl und beton-grau. Bei einer Temperatur von 10 bis 15 Grad herrscht ein muffiger Geruch – wie in den Kellern von alten Wohnhäusern. Bis auf ein leises, unregelmäßiges Brummen über der Raumdecke ist es still. Außergewöhnlich still. Und von Bombenexplosionen ist erst recht nichts zu hören. Sie gehören der Vergangenheit an.

Noch vor weniger als einer halben Stunde hatte sich die Gruppe im hellen Tageslicht versammelt. Autos waren an ihnen vorbeigerauscht, hatten feinen Staub in ihre Augen getrieben. Schwüle Luft kündigte ein Gewitter an, die Nachmittagssonne brannte, die Straße lärmte. 15 Personen hatten am Blochplatz in Berlin auf den Tourguide gewartet. Als er eintraf, führte er sie in ein unscheinbares Backsteinhäuschen. Im Gänsemarsch stiegen die Besucher ein dunkles Treppenhaus hinab. Jetzt stehen sie hier, nur wenige Meter unter der Oberfläche Berlins – mitten in einem ehemaligen Atomschutzbunker.

In dem leeren, kaum 20 Quadratmeter großen Raum erfahren die Besucher von Verhaltensregeln, die der Zivilbevölkerung in den 1970er und 1980er Jahren für den nuklearen Ernstfall empfohlen wurden. Die düsteren Räume sollten über 1300 Berlinern Schutz während eines Atomkrieges bieten.

Der Tourguide arbeitet im Auftrag des Berliner Unterwelten e. V. Mit jedem Jahr wird der Verein bekannter – allein 2011 besuchten 247.000 Menschen die Unterwelt-Touren. Die Mitglieder stammen aus ganz unterschiedlichen Berufsgruppen: Dazu gehören Fachleute und Autodidakten, Architekten, Historiker, Handwerker, Polizisten, Rentner und Schüler. Seit 1991 erforscht und dokumentiert der Berliner Unterwelten e.V. einen Bereich Berlins, der oberflächlich nicht sichtbar ist. In Seminaren berichten Referenten über Themen mit „unterirdischem" Schwerpunkt. Die Vereinsmitglieder restaurieren alte Verkehrstunnel, Kanäle und Bunker. Regelmäßig erscheinen eigene Publikationen. Vor allem die Führungen durch Blinde

Luftschutzanlage im U-Bahnhof Gesundbrunnen, ehemaliger Frauen-Abort.

Tunnel, Bunker und Brauereigewölbe stoßen auf immer größere Resonanz. Woher kommt das starke Interesse der Öffentlichkeit für die doch noch sehr junge Unterwelt Berlins?

Die geschichtlichen Ereignisse im 20. Jahrhundert haben viele Spuren hinterlassen. Während aber auf der Oberfläche ganze Bezirke dem Erdboden gleich gemacht und völlig anders wieder aufgebaut wurden, hat sich das unterirdische Stadtbild über die Jahrzehnte hinweg nur geringfügig verändert. Bis heute ruhen hier Bauwerke, die viele Eindrücke aus der Vergangenheit wahren.

Im Vergleich zu anderen Metropolen wurde der Untergrund Berlins sehr spät erschlossen. Im 19. Jahrhundert fing man an, bis zu 18 Meter tiefe Lagergewölbe in den märkischen Sand zu bauen, um dort Bier zu gären und zu kühlen. Der konsequente Ausbau Berlins begann aber erst mit dem ehrgeizigen Vorhaben Ernst Werner von Siemens', ein unterirdisches Verkehrsnetz zu entwickeln.

Ernst Werner Siemens – seit 1888 von Siemens – wurde 1816 in Lenthe bei Hannover geboren. Zu dieser Zeit war Deutschland noch weitgehend agrarisch geprägt. Erst ab Mitte des 19. Jahrhunderts setzte hier die Industrielle Revolution ein und wandelte das Leben der Menschen von Grund auf.

Da seine Eltern ihm kein Studium finanzieren konnten, versuchte der junge Siemens auf anderem Wege, Karriere zu machen: Über den Eintritt in die preußische Armee bekam er Zugang zur Artillerie- und Ingenieurschule in Berlin. Während der ingenieurwissenschaftlichen Ausbildung dort erhielt er Unterricht in den Fächern Mathematik, Physik und Chemie. Im Jahr 1847 gründete er zusammen mit dem Mechanikermeister Johann Georg Halske die „Telegraphen-Bauanstalt von Siemens & Halske". Aus der kleinen Werkstatt entwickelte sich das später weltweit größte Elektrounternehmen.

In Siemens steckte nicht nur ein qualifizierter Wissenschaftler, sondern auch ein vorausschauender Unternehmer. Entscheidend für seinen späteren Erfolg war, dass Siemens seine Erfindungen wirtschaftlich nutzbar machte. Im Jahr 1879, knapp zehn Jahre nachdem er das dynamoelektrische Prinzip entwickelt hatte, präsentierte er die erste elektrische Bahn der Welt auf der Berliner Gewerbeausstellung. Seine darauffolgenden Pläne für ein Schnellbahnnetz zeigen, wie zukunftsorientiert Siemens dachte – und wie richtig er mit seinen Prognosen über die Entwicklung des innerstädtischen Verkehrs lag.

In der Zeit der Industriellen Revolution wanderte die Landbevölkerung massenweise in die Städte ab. Weil die Städte immer mehr wuchsen, wurden die Distanzen zwischen Wohnquartieren und Arbeitsstätten zunehmend größer. Bald reichten Pferdestraßenbahnen und -omnibusse als Transportmittel nicht mehr aus. Die Idee eines kreuzungsfreien Bahnsystems in zweiter Ebene setzte London im Jahr 1863 mit dem Bau einer Untergrundbahn um. In den 1870er Jahren wurden in New York Hochbahnen gebaut. Aber diese hatten keine Zukunft: Die dampfbetriebenen Eisenbahnen waren laut und verursachten viel Schmutz. Sie waren schwerfällig, ihre Gleiskörper zu starr und unflexibel für die Anforderungen des städtischen Verkehrs.

So innovativ und risikofreudig wie London und New York war Berlin in dieser Zeit noch nicht. Nachdem die Behörden mehrere Pläne von Siemens abgelehnt hatten, startete er im Jahr 1891 einen neuen Versuch. Sein Plan für ein umfangreiches Schnellbahnnetz umfasste neben Hochbahnstrecken auch Unterpflasterbahnen, die im Gegensatz zu Untergrundbahnen in einer offenen Baugrube direkt unter der Straßenbahnoberfläche entstanden. Die Linien sollten sich am Verlauf von Straßenzügen und Wasserläufen orientieren. Geplant war der Anschluss an zentral liegende Bahnhöfe der Berliner Stadtbahn, ansonsten sollten die Strecken durch eher unbedeutende, weniger dicht besiedelte Randgebiete führen. Die Verbindung mit den verkehrsmäßig wichtigen Bahnhöfen sollte den wirtschaftlichen Erfolg garantieren. Mit den neuen Entwürfen nahm Siemens gleichzeitig Rücksicht auf die ungünstigen Berliner Bodenverhältnisse. Dieser Plan überzeugte die Behörden schließlich. Im Jahr 1896 – vier Jahre nach dem Tod von Siemens – begannen die Bauarbeiten an der Stammlinie zwischen der Warschauer Brücke und dem Zoologischen Garten. Im Jahr 1899 erhielt Berlin am Potsdamer Platz seinen ersten unterirdischen Bahnhof, der zusammen mit zunächst zwei Strecken am 18. Februar 1902 eröffnet wurde.

Weil es gegen Ende des Ersten Weltkrieges an Arbeitskräften und Baumaterial mangelte, endete die erste Bauphase im Jahr 1919. Dass sich an der ursprünglich geplanten Linienführung der einzelnen Strecken selbst bei späteren Bauarbeiten nur selten etwas änderte, zeigt, wie gut das U-Bahnprogramm während dieser frühen Bauphase durchdacht war. Dagegen behinderten vor allem Interessenskonflikte zwischen der Hochbahngesellschaft und den Gemeinden zunehmend den Fortgang der Arbeit. Das soziale Gefälle innerhalb der Stadt spiegelte sich deutlich in der Streckenführung wider. Zunächst verliefen die Strecken hauptsächlich durch die Wohngebiete der Besserverdienenden wie Charlottenburg und Schöneberg. Ärmere Gemeinden im Norden und Osten mussten dagegen noch lange auf einen Schnellbahnanschluss warten.

Im Jahr 1920 schlossen sich die Gemeinden zur Einheitsgemeinde Groß-Berlin, neun Jahre später die verschiedenen Verkehrsunternehmen zur Berliner Verkehrsgesellschaft (BVG) zusammen. Beide Ereignisse beeinflussten die zweite Bauphase entscheidend: Die verschiedenen Interessen wurden nun zentral koordiniert, wodurch der Bau effektiver vonstatten gehen konnte. So setzte Mitte der 1920er Jahre ein regelrechter Tunnelboom ein. Vier neue U-Bahnlinien wurden bis 1930 in Betrieb genommen – bestehende Strecken wurden verlängert. Sowohl am Potsdamer Platz als auch unter dem Moritzplatz und am Alexanderplatz lagen Tunnelrohbauten, die als Bauvorleistungen noch nicht genutzt wurden. Die Weltwirtschaftskrise unterbrach diese Bauarbeiten abrupt. Die Blinden Tunnel konnten später aus finanziellen Gründen nicht vollendet werden oder entsprachen nicht mehr den verkehrspolitischen Plänen. In der Zeit des Zweiten Weltkrieges ließ Berlin die Blinden Tunnel mehrheitlich zu Bunker-Luftschutzanlagen oder zu Rüstungsproduktionsstätten umbauen. Rund 70 solcher stillgelegter Verkehrsadern – vom kleinsten Tunnelstutzen bis zu Großbahnhöfen ohne Gleisanschluss – liegen noch heute verborgen unter Berlins Oberfläche.

Mittlerweile hat sich die Besuchergruppe wieder in Bewegung gesetzt. Außer dem Schlurfen der Schuhe auf dem Betonboden ist nichts zu hören. Auf Augenhöhe ziehen sich an den verblichenen Wänden gelb-grüne Leuchtstreifen entlang, die einst Orientierung im Dunkeln boten. Unförmige Schutzanzüge für den nuklearen Ernstfall hängen an den Wänden und unterbrechen die fortlaufenden Leuchtstreifen. Vereinzelt ragen Mauern in den Gang hinein. Man fühlt sich wie in einem Labyrinth. Was es damit auf sich hat, erklärt der Tourguide: „Während des Zweiten Weltkrieges funktionierten diese Zwischenwände wie Druckwellenbrecher: Ging eine Bombe hoch, hätte die Druckwelle von Raum zu Raum abgeschwächt werden sollen." Gleichzeitig weist er darauf hin, dass die Decke überall 80 Zentimeter dick war und wohl keiner Bombenexplosion standgehalten hätte. Die meisten Bunker waren nicht bombensicher, sondern eine rein psychologische Beruhigungsmaßnahme für die Bevölkerung. Sie entstanden im Zuge des sogenannten Führer-Sofortprogramms.

Im Jahr 1936 beauftragte Adolf Hitler den Generalinspektor und späteren Rüstungsminister Albert Speer, einen Grundriss für die künftige „Welthauptstadt Germania" zu entwerfen. Für das gigantische Bauprojekt in Berlin hätten 50.000 Wohnungen abgerissen werden müssen. Doch es kam anders. Im Jahr 1940 wurden die ersten Bomben auf die Hauptstadt abgeworfen. Bis zum Jahresende forderten die Luftangriffe über 200 Tote und zerstörten mehr als 1600 Wohnungen. Hitler musste sofort reagieren, um nicht den Unmut der Bevölkerung zu riskieren. Denn zu dieser Zeit gab es in Berlin für weniger als zehn Prozent der 4,3 Millionen Einwohner Luftschutzräume. Die Pläne für die Welthauptstadt wurden beiseitegeschoben. Stattdessen leitete Hitler das „Bunkerbauprogramm für die Reichshauptstadt" ein, das zum deutschlandweiten „Führer-Sofortprogramm" gehörte. Es sollte den „absoluten Volltrefferschutz für die gesamte Zivilbevölkerung" gewährleisten. Albert Speer erhielt den Auftrag, in Berlin 1000 bis 2000 Bunker für jeweils 100 Personen zu bauen. Letztendlich wurden rund 1000 Bunkeranlagen und Luftschutzstollen errichtet. In ganz Deutschland sollten 54 Prozent der Bevölkerung in „Bunkerstädten" Schutz finden. Dazu gehörten nur Gemeinden, die mit mehr als 100.000 Einwohnern und wichtigen Rüstungs- sowie Militäranlagen strategisch bedeutend waren. Hitler wollte die Bevölkerung, vor allem aber die Rüstungsindustrie schützen.

Im gesamten Berliner Stadtgebiet entstanden Bunkeranlagen, Stollen für die unterirdische Rüstungsproduktion, Flucht- und Verbindungstunnel, Luftschutzkeller und Splittergräben, die Schutz vor Bomben und Granatsplittern bieten sollten. Neben Bunkern, in die nur wenige Menschen hineinpassten, entstanden Bunker mit Platz für mehrere tausend Personen. In dem öffentlichen Tiefbunker am Alexanderplatz hatten 3500 Menschen Platz. Sämtliche angrenzende Blinde Tunnel wurden ebenfalls zu Luftschutzzwecken umgebaut, sodass hier rund 10.000 Menschen während des Krieges Schutz finden konnten.

Im Laufe des Krieges mangelte es immer mehr an Baumaterial und Arbeitskräften. Trotz enormer Aufwendungen und manchmal drei- bis vierfacher Überbelegung reichten die Bunkerplätze Berlins gerade einmal für knapp 25 Prozent der Bevölkerung. Die meisten Stadtbewohner konnten vor den Bombenangriffen nur in die Schützengräben oder notdürftig hergerichtete Kellerräume flüchten.

Luftschutzanlage im U-Bahnhof Gesundbrunnen, Sanitätsstelle.

Viele Bunker existieren bis heute. Der Berliner Unterwelten e. V. hat einen von diesen unter dem U-Bahnhof Gesundbrunnen als Museum eingerichtet. In manchen der Räume stehen Glasvitrinen mit Exponaten und Fotografien unterirdischer Anlagen. Andere Räume blieben wiederum unverändert, mit Holzbänken und Stockwerkbetten. Auf den schmutzig-grauen Wolldecken liegen vereinzelt Lederkoffer, als sei man soeben selbst mit seinen letzten Habseligkeiten vor einem Bombenangriff hier hinunter geflüchtet. An den Wänden jedes Raumes sind heute noch die Angaben über die maximale Anzahl der Personen zu lesen, die während eines Bombenalarms darin verweilen durften – Richtlinien, an die man sich angesichts des Mangels an Luftschutzräumen in der Realität nur selten halten konnte.

Tatsächlich zwängten sich in der Zeit der Luftangriffe in Räumen mit maximal 20 Plätzen manchmal bis zu 120 Personen. Die Betten wurden beiseite geräumt, weil sie zu viel Platz einnahmen. Eng aneinander standen und saßen die Menschen. Sie erlebten in den folgenden Stunden, manchmal Tagen, apokalyptische Szenen. Der feuchte Atem der Zuflucht suchenden Menschen raubte von Minute zu Minute den Sauerstoff, es wurde immer schwüler und stickiger. Sie fürchteten sich und verloren die Kontrolle über ihre Körper. Es roch zunehmend nach Schweiß, Erbrochenem, Urin und Kot. In kurzen Intervallen löste dumpfes Aufprallen der Bomben schrille pfeifende Töne ab. Der Boden erzitterte, bebte und ruhte. Dann erzitterte er wieder. Ohrenbetäubender Lärm ließ erahnen, was sich über den Köpfen der Menschen abspielte. Die plötzliche Stille, die dem Lärm folgte, war ebenso beunruhigend. Neben den Aufenthaltsräumen gab es einen Sanitätsraum. In den hölzernen Stockwerkbetten lagen Schwerverletzte, manchmal aber auch eine Mutter, die ausgerechnet an diesem trostlosen Ort ein Kind zur Welt gebracht hatte. Die Füße der Betten standen in Konservenbüchsen, die in Petroleum getränkt waren. So konnte Ungeziefer vom Boden aus nicht zu den Liegenden in die Betten krabbeln. Die meisten Menschen fühlten sich hier unten wie in einer Falle, einige wenige wiederum blieben ruhig und blickten vertrauensvoll auf die Betonwände um sich herum. Doch die Deckenstärken, in einigen Bunkern mit annähernd 80 Zentimetern viel zu gering, hätten kaum einer Bombe standgehalten. Viele Menschen überlebten hier unten den Krieg, aber nicht, weil die Bunker bombensicher waren, sondern weil sich die Überlebenden im richtigen Augenblick am richtigen Ort befanden: in einem Bunker, auf den zufällig keine Bombe fiel.

Die Szenen, die sich hier abspielten, ließen viele Bunkerinsassen ihr Leben lang nicht mehr los. Und die Besucher von heute sind an diesem Ort, der eine originale Anlage mit einem Museum vereint, den Empfindungen und Erlebnissen aus der damaligen Zeit vielleicht so nah wie nirgendwo sonst.

Zurück zur Tour unter dem Blochplatz: Die Besichtigung führt durch Räume, die manchmal nur wenige Quadratmeter groß sind. Sie alle gleichen sich in ihren niedrigen Decken, der schmutziggrauen Farbe der Betonwände und dem allzeit präsenten muffigen Kellergeruch, sind aber unterschiedlich ausgestattet. Manche sind bis auf ein paar Holzbänke leer, andere mit schweren Lüftungsgeräten nahezu komplett vollgestellt. Nach einer gefühlten Ewigkeit, fernab von der Außenwelt, führt der Tourguide die Gruppe durch einen letzten engen, verwinkelten Gang. Als er eine Tür öffnet, blendet die Besucher grelles Tageslicht. Der Geruch von altem Frittierfett und Straßenstaub steigt in ihre Nasen. Grölende Halbwüchsige verstummen und blicken verdutzt herüber, als die Besucher den Bunker durch die Tür verlassen und plötzlich neben ihnen stehen – in einem öffentlichen Treppenaufgang des U-Bahnnetzes. Der Besuch der Zivilschutzanlage unter dem Blochplatz ist schlagartig beendet, weiter geht es mit der U-Bahn zum U-Bahnhof Pankstraße. Dort angekommen, muss die Gruppe nicht erst in einen Bunker hinabsteigen, denn sie steht bereits mitten drin. Der U-Bahnhof selbst diente

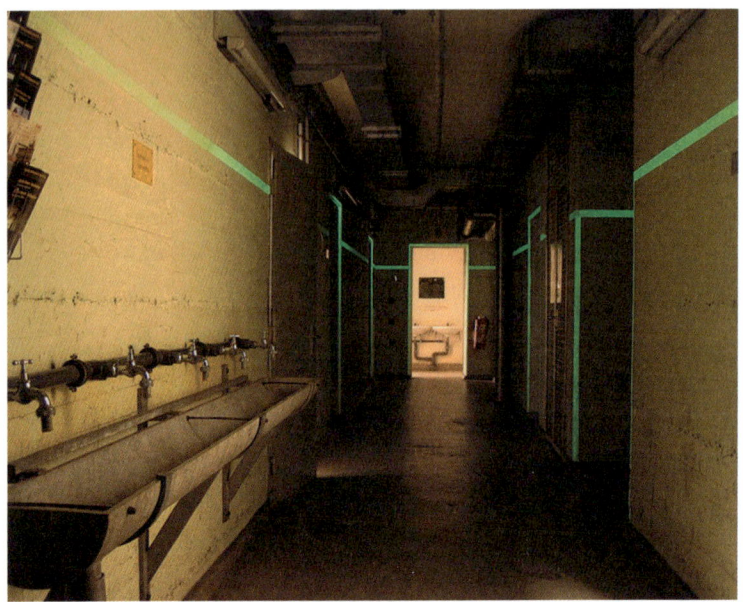

In Vorbereitung auf einen Atomkrieg wurden im Westteil Berlins Bunker-anlagen für den Zivilschutz reaktiviert und neue Schutzanlagen errichtet.

ab 1977 als Zivilschutzanlage. Riesige Stahlbetontore konnten ihn hermetisch abriegeln, ein 465-PS-Diesel-Notstromaggregat übernahm die unabhängige Stromversorgung. Im Gegensatz zur umfunktionierten Zivilschutzanlage am Blochplatz handelt es sich hierbei um eine Mehrzweckanlage, die eigens für den Schutz gegen einen atomaren Angriff gebaut wurde und Platz für mehr als 3300 Menschen hatte. Denn nur wenige Jahre nach dem Ende des Zweiten Weltkrieges war die Welt in zwei feindliche Machtblöcke zerfallen.

Nach den Atombombenabwürfen auf Hiroshima und Nagasaki im August 1945 wurden in vielen Ländern Zivilschutzprogramme ausgearbeitet, die die Bevölkerung auf einen möglichen Atomkrieg vorbereiten sollten. An kaum einem anderen Ort trafen die Gegner so unmittelbar aufeinander wie in Berlin. Im Jahr 1948 wurden im

Zuge der Berliner Blockade Zufahrtswege zu Land und zu Wasser unterbrochen, fast alle Versorgungsleitungen nach Berlin wurden gekappt. Sowohl West- als auch Ostberlin wollte sich vor dem nuklearen Ernstfall schützen. Hierfür wurden alte Bunker in Stand gesetzt und neue Zivilschutzanlagen gebaut.

Während des Zweiten Weltkrieges hatten die Menschen wenige Stunden bis zu höchstens ein paar Tage in den Bunkern verbracht. Zu Atombunkern umfunktioniert, mussten diese Bauten jetzt jedoch Schutz für eine Aufenthaltszeit von 14 Tagen bieten. Danach, so glaubte man, sei die verstrahlte Umwelt wieder betretbar. In Westberlin standen bis in die späten 1980er Jahre 15 Zivilschutzanlagen mit etwa 24.000 Schutzplätzen, in Ostberlin dagegen nur sieben Anlagen mit etwa 2500 Plätzen – für insgesamt zwei Millionen Einwohner.

Geführte Touren in Zivilschutzanlagen wie im U-Bahnhof Pankstraße zeigen vor allem, mit welchem Zynismus die Bevölkerung auf einen Atomkrieg „vorbereitet" wurde. Auf Schautafeln, in Broschüren und Handbüchern stand immerzu dieselbe Botschaft: Die Folgen eines Atomkrieges seien schwerwiegend, aber nicht unbedingt verheerend. Solche Behauptungen gründeten nicht nur auf Unkenntnis über die tatsächlichen Auswirkungen; teilweise verbreiteten die Behörden ganz bewusst falsche Informationen, um die Bevölkerung zu beruhigen.

Was wäre passiert, wenn es zu einem Angriff mit Nuklearwaffen gekommen wäre? Zunächst hätten die meisten Menschen gar nicht gewusst, wo sich in ihrer Umgebung die nächsten Schutzräume befinden. Aufgrund der kurzen Vorwarnzeiten hätten viele von ihnen die Bunker nicht rechtzeitig erreicht. Genügend Platz für alle hätten die Bunker ohnehin nicht geboten. Die Menschen hätten deshalb wahrscheinlich in Panik versucht, noch rechtzeitig durch die Schleusen ins Innere zu gelangen. Eine solche Situation erwarteten auch die Architekten und konzipierten deshalb für die Schleusen Tore mit abgerundeten Rahmen. So konnten sich Drängelnde nicht die Arme einklemmen, wenn die Eingänge verschlossen wurden.

Ob die Anlagen einen nuklearen Angriff tatsächlich überstanden hätten, hängt von der Wucht und Entfernung der Kernwaffenexplosion ab. Selbst wenn der Bunker standgehalten hätte, wäre das Überleben der Menschen noch lange nicht garantiert gewesen. Verschlossen in dem unterirdischen Bauwerk wusste niemand, wie es an der Oberfläche nun aussah. Zwei Wochen Aufenthalt voller Ungewissheit kämen da vermutlich einer gefühlten Ewigkeit gleich. Der Alltag im Atombunker wäre monoton abgelaufen: Morgens hätte man sich zusammen mit den übrigen Menschen – je nach Bunker bis zu mehrere tausend – in einer Schlange vor der Küche angestellt und auf sein Frühstück gewartet. Danach wäre es zur nächsten Warteschlange gegangen, die zu den Toiletten führte. Gleich einer Beschäftigungstherapie wäre jeder irgendwann an der Reihe gewesen, die technischen Anlagen, wie z. B. die Lüftungsgeräte, per Hand zu bedienen. Für die gesamte Zeit im Bunker hätte jede Person ein Handtuch, ein Stück Kernseife und zwei Rollen Toilettenpapier erhalten. Etwa zwei Liter Wasser durchschnittlich pro Person und pro Tag hätten gerade noch für eine Katzenwäsche gereicht. Künstliches Licht in engen, schwülen Räumen, Bohnensuppe als tägliche Hauptmahlzeit, keinerlei Privatsphäre, lärmende Lüftungsgeräte: Der eintönige Alltag hier unten hätte wahrscheinlich früher oder später zu Tumulten, Schlägereien oder sogar Aufständen geführt. Ob die Aufsichtspersonen solche Situationen hätten entschärfen können, ist fraglich. Man versuchte dennoch vorzubeugen. Manche Bunker konnten mithilfe einer verschiebbaren Trennmauer geteilt werden, um streitende Gruppen auseinanderzuhalten. So viele Menschen auf so engem Raum hätten den idealen Nährboden für Seuchen geboten. Auch deshalb war es sinnvoll, den Bunker teilen zu können.

Zum Abschluss der Besichtigung betreten die Besucher im U-Bahnhof Pankstraße einen original eingerichteten Schlafraum.

Eng aneinander stehen die metallenen Vierstockbetten. Bei voller Belegzahl hätte das Raumklima hier unten tropische Temperaturen erreicht. Es braucht nicht viel Phantasie, um sich vorzustellen, wie schnell die Menschen unter diesen Umständen die Kontrolle über sich verlieren würden. „Doch selbst dafür hatte man sich eine Lösung überlegt", meint der Tourguide trocken. „Die mintgrün gestrichenen Wände sollten die Menschen daran hindern, aufeinander loszugehen."

Nach zwei Wochen wären die Nahrungsreserven zu Ende gegangen. Die Menschen hätten den Bunker verlassen müssen, um ein verwüstetes und verstrahltes Berlin zu betreten.

Hamburg

Es war ein Angriff, der in die Geschichte eingehen sollte: Am 25. Juli 1943 startete die Royal Air Force eine Großoffensive auf Hamburg. Innerhalb von zehn Tagen warfen die Flugzeuge rund 8500 Tonnen Spreng- und Brandbomben auf die Hansestadt. Begünstigt durch die trockenen Wetterverhältnisse entstanden gewaltige Winde, die mit unvorstellbarer Hitze durch die Straßen fegten. Im Feuersturm kamen 35.000 Menschen ums Leben; Hamburgs Innenstadt war nach den Flächenbränden großflächig zerstört. Nach der „Operation Gomorrha" schien der Untergang der Stadt endgültig besiegelt.

Doch Hamburg erholte sich von den Bombardierungen des Zweiten Weltkrieges. Schutt und Asche wurden beseitigt. Zerstörte Bezirke wichen neuen Straßen und Häusern. Wo Ruinen lagen, wurden Parks angelegt, Blumen gesät und Bäume gepflanzt. Und schon bald erinnerten im Stadtbild nur noch Gedenktafeln an die verheerenden Folgen des Krieges. Trotzdem gibt es unterirdische Spuren aus der Zeit des Nationalsozialismus. Zahlreiche Bunker bezeugen die Schicksalsjahre, die die Hamburger durchleben muss-

Schleuse im Tiefbunker Steintorwall.

ten. Die Bautätigkeit der Nationalsozialisten prägt bis heute den Boden der Stadt. Doch die Geschichte der Unterwelt von Hamburg beginnt viel früher.

Dort, wo die Flüsse Alster und Bille in die Elbe fließen, bestand seit dem 8. Jahrhundert eine kleine Fischer-, Kaufmanns- und Handwerkersiedlung, die während des Mittelalters zu einem der bedeutendsten Handelsplätze Europas heranwuchs. Die Lage des Hamburger Hafens, aber auch die jahrhundertelange politische Unabhängigkeit als Freie und Hansestadt begünstigte die Entwicklung Hamburgs zur heute zweitgrößten Stadt Deutschlands nach Berlin.

Weichschichten aus Klei und Torf, Sandschichten und fünf Salzstöcke – der größte von ihnen misst elf Kilometer Länge und liegt an einigen Stellen bis zu 3000 Meter tief – durchziehen den Untergrund Hamburgs. Im Laufe der Jahrhunderte bildeten sich in diesen Salzlagern Höhlen, die ständig einbrachen.

Die uneinheitlichen Bodenverhältnisse in Hamburg waren für Bauingenieure schon immer ein Problem. Wenn sie Weichschichten nicht gegen Sand austauschen und den Boden auf diese Weise stabilisieren konnten, mussten sie die Häuser auf Pfählen bauen. Auch das 110 Jahre alte Hamburger Rathaus ruht auf 4000 Pfählen.

In der wichtigen Hafen- und Handelsstadt war es besonders notwendig, die leicht verderblichen Waren kühlen zu können. Deshalb wurden trotz des ungünstigen Bodens bereits im Mittelalter zahlreiche Eiskeller in den Untergrund gebaut. Unter den Brauereien, von denen Ende des 13. Jahrhunderts bereits mehr als 450 in Hamburg existierten, wurden ebenfalls tiefe und große Gewölbe errichtet, um das Bier kühl lagern zu können.

Sauberes Trinkwasser war über viele Jahrhunderte lang in der Hansestadt nicht selbstverständlich. Im Gegenteil: Während des Mittelalters sammelten die Hamburger Regenwasser in Tonnen oder transportierten Wasser aus kilometerweit entfernten Brunnen zu ihren Haushalten. Reiche Bürger leisteten sich für solche Arbeiten einen Wasserträger. Im 16. und 17. Jahrhundert entstanden mehrere sogenannte Wasserkünste an der Alster – Systeme zur Förderung, Hebung und Führung von Wasser aus dem Fluss. Dennoch mussten sich ärmere Bewohner weiterhin an den öffentlichen Wasserstellen bedienen, wo sie nebenbei badeten und Wäsche wuschen. Bis weit in das 19. Jahrhundert hinein verfügten viele Hamburger Wohnungen über keine eigenen Wasseranschlüsse.

Eine entscheidende Wende in der Wasserversorgung gab es nach dem „Großen Brand". Am 5. Mai 1842 brach im Speicher eines Zigarrenmachers Feuer aus. Den „Feuer-Spritzenleuten" gelang es nicht, die Flammen zu löschen. Erst breitete sich das Feuer auf die Nachbarhäuser aus. Irgendwann brannte fast die gesamte Altstadt. Tausende Menschen flüchteten Hals über Kopf aus ihren Wohnungen. Drei Tage lang wütete der Brand und hinterließ ein Bild der Verwüstung: Ein Drittel der Stadt war zerstört, etwa 20.000 Menschen obdachlos. Auch die Wasserkünste an der Alster lagen in Schutt und Asche. Nach dem „Großen Brand" entschieden die Hamburger, ein neues Wasserversorgungsnetz für ihre Stadt zu planen – das bis dahin modernste seiner Art in Europa. Das insgesamt 62 Kilometer lange Netz versorgte die Stadt aber noch bis ins Jahr 1891 mit ungefiltertem Elbwasser. Kaum verwunderlich deshalb, wenn des Öfteren kleine Aale im Leitungsnetz auftauchten.

Einer der ersten Bahntunnel weltweit entstand im Hamburg des 19. Jahrhunderts. 1845 wurde zwischen dem Elbufer und dem Altonaer Bahnhof die „schiefe Ebene" in Betrieb genommen. Auf der oberirdischen langgezogenen Rampe sollten leicht verderbliche Waren so schnell wie möglich aus dem Hafen zum Bahnhof gelangen, um von dort aus weitertransportiert zu werden. Anfangs zogen Pferde die auf Rollblöcke gesetzten Güterwägen mit Seilwinden das steile Ufer hinauf. Später löste eine Dampfmaschine die Tiere ab. Mit der „schiefen Ebene" schafften die Hamburger den direkten Warenumschlag vom Schiff auf die Eisenbahn. Doch als der Hafen erweitert wurde, mussten infolgedessen viel mehr Waren abgefertigt werden. Für solche Mengen erwies sich die „schiefe Ebene" als ineffizient und verlor deshalb ihren Nutzen. Als praktische Alternative ersetzten die Hamburger die oberirdische Verbindung im Jahr 1876 mit einem knapp 400 Meter langen, eingleisigen Tunnel unter dem Elbhang. Er gilt als eine technische Meisterleistung jener Zeit, denn die Hafenbahn musste auf ihrem Weg durch den Tunnel nicht nur eine Kurve, sondern zusätzlich noch einen Höhenunterschied von 30 Metern überwinden. Auf diese Weise gelangte zum Beispiel der beliebte Schellfisch rasch vom Hafen zum Eisenbahnnetz. In den vergangenen Jahrzehnten wurde jedoch auch die Hafenbahn immer unrentabler, sodass ihr Betrieb im Jahr 1992 schließlich ganz eingestellt werden musste.

Seitdem kann der verlassene Schellfischtunnel nur zu besonderen Anlässen besichtigt werden. So zum Beispiel am Tag des offenen Denkmals. Dann laufen die Besucher mit Taschenlampen durch den düsteren Tunnel, steigen hinweg über die Kieselsteine und Holzschwellen zwischen den Schienen. Zunächst geht es knapp einen Kilometer sanft bergab, danach wird es deutlich steiler. Manchmal ist das Grummeln einer S-Bahn zu hören, die oberhalb des Tunnels fährt. Zeitungen und Dosen liegen herum, zurückgelassen von Obdachlosen, die hier irgendwann Unterschlupf gesucht hatten. An manchen Stellen sind auf den Schienen tiefe Einkerbungen zu sehen: Das könnten Spuren einer Bahn sein, die einst vielleicht wegen der engen Kurve entgleiste. Noch heute schmückt den stark zugewachsenen Ausgang am Elbufer eine Backsteinfassade mit eingemauertem Reichsbahn-Zeichen.

Wiederholt gab es Versuche, den Tunnel in Betrieb zu nehmen. Bislang scheiterten diese allesamt. Davon zeugt auch ein neu eingerichteter Bahnsteig am Ausgang des Tunnels, der noch nie genutzt wurde.

Infolge des Führer-Sofortprogramms wurden in Hamburg zahlreiche Bunker errichtet. Letztendlich boten sie aber nur für einen geringen Anteil der Hamburger Bevölkerung Schutzplätze.

Bevorzugt wurden Hochbunker gebaut. Denn im Vergleich zu den Tiefbunkern hatten sie zwei entscheidende Vorteile: Zum einen benötigten Hochbunker weniger Baumaterial, zum anderen konnte der Druck einer Explosion bei den oberirdischen Bauten leichter entweichen. Nur dort, wo aus Platzgründen keine Hochbunker errichtet werden konnten – beispielsweise auf belebten, öffentlichen Plätzen – gaben Architekten und Ingenieure Tiefbunkern den Vorzug.

Der größte Tiefbunker Hamburgs liegt an ebensolch einer Stelle, direkt unter dem Vorplatz des Hauptbahnhofes. Während des Krieges mussten die zahlreichen Reisenden an diesem Verkehrsknotenpunkt bei Fliegeralarm in kürzester Zeit irgendwo Zuflucht finden. Daher beorderte das Regime die Reichsbahn im Jahr 1941 mit dem Bau der Anlage. Rund 2460 Personen sollten auf drei Stockwerken Platz haben. Vermutlich drängten sich hier bei den Luftangriffen, wie auch in allen anderen Bunkern in den bombardierten Städten, viel mehr Menschen zusammen als die Vorschriften eigentlich zuließen. Die Bauarbeiten gingen nur schleppend voran, wegen der ständigen Bombenangriffe und weil das Baumaterial mit jedem Kriegsjahr knapper wurde. Bis 1943 war zumindest der Südteil des Bunkers fertig – gerade noch rechtzeitig vor der verheerenden „Operation Gomorrha".

Berichte von Zeitzeugen dokumentieren, dass der Aufenthalt im Bunker festen Strukturen unterlag – rein theoretisch jedenfalls. Jede Anlage sollte von einer Mannschaft betreut werden: Dazu gehörten der Bunkerverwalter, der Bunkerwart, Ordnungskräfte, Ärzte, Krankenschwestern, Heizer, Hebammen und Putzfrauen. Die Realität sah allerdings anders aus. Weil die Einstellungskriterien sehr streng waren, eigneten sich insbesondere für die beiden wichtigsten Posten des Bunkerverwalters und Bunkerwarts so wenige Kandidaten, dass manch ein Bunkerwart gleich zwei Anlagen betreuen musste. Eine Tatsache, die im Falle eines tatsächlichen Angriffes zum Problem werden konnte.

Weil das Führer-Sofortprogramm nur schleppend umgesetzt wurde, fehlte es in den Städten nach wie vor an bombensicheren Plätzen; auch dann, wenn sich doppelt und dreifach so viele Menschen wie offiziell erlaubt in die Bunker zwängten. Am Anfang des Krieges störte das nur wenige. Damals blieben viele Menschen bei Luftangriffen lieber in ihren eigenen Kellern, weil sie sich hier am sichersten fühlten. Die Nazipropaganda bestärkte die Bevölkerung in dem Glauben, dass sie sich selbst bei Bombenangriffen am besten helfen könne. Empfohlen wurde beispielsweise das Benutzen von Sandeimern und Feuerpatschen: Stäbe mit flachen Enden zum

„Ausschlagen" eines Brandes. Doch spätestens nach der Operation Gomorrha wusste man, dass solche Ratschläge sinnlos waren. Jetzt wollten alle nur noch in die Bunker.

Schon bevor die Sirenen losgingen, bildeten sich lange Warteschlangen vor den Eingängen. Oft kam es zu Situationen voller Panik und Chaos. Die Menschen drängten sich in die Bunker, wurden dabei verletzt oder sogar zu Tode gequetscht. Manch eine Mutter verlor bei dem Gedränge ihr Baby im Kinderwagen vor dem Eingang. Viele versuchten zunächst noch, ihr ganzes Eigentum mit in den Bunker zu schleppen: Kleidung, Geschirr, Volksempfänger, Bücher, Haustiere. Ab 1942 durfte jeder nur noch einen Koffer von etwa 75 Zentimetern Länge mitnehmen – eine Regel, welche diejenigen besonders hart traf, die bereits bei vorherigen Bombenangriffen fast alles verloren hatten und ohnehin nur noch ihre letzte Habe bei sich trugen.

Im Bunker angekommen, war die Stimmung meist angespannt. Vorschriften an den Wänden mahnten: „Rauchen verboten" oder „Der Feind hört mit". In den unbeheizten, meist überfüllten Räumen wurde die Luft mit jeder Stunde des Wartens stickiger. Die Toiletten verschmutzten und verstopften zunehmend. Ansteckende Krankheiten konnten sich in der Enge schnell verbreiten.

Die Menschen reagierten unterschiedlich auf die Situation im Bunker. Während einige sich ruhig verhielten, fingen andere an, pausenlos zu reden oder zu beten. Viele bekamen Angst, wenn die Wände durch Bombenexplosionen schwankten und wackelten, wenn das Licht aussetzte oder es merklich an Sauerstoff fehlte. Dennoch fühlten sich die meisten Menschen im Laufe des Krieges in den Bunkern zumindest sicherer als in den Häuserkellern. Zeitzeugen, die den Feuersturm im Bunker erlebten, berichteten von nur wenigen Paniksituationen. Solange die Luft noch einigermaßen erträglich war, ließ es sich hier unten irgendwie aushalten. Wie viele Menschen in öffentlichen Luftschutzräumen und Bunkern während des Feuersturms ums Leben kamen, bleibt unklar. Vermutlich starben die meisten aber im Freien, als sie auf den Straßen in die Heißluftströme der Feuerwirbel gerieten.

Nach fast sechs Jahren endete der Krieg am 8. Mai 1945. Viele deutsche Großstädte waren vollkommen verwüstet. Die Luftangriffe auf Hamburg hatten ganze Stadtteile ausgelöscht; in der Altstadt standen bestenfalls noch die Fassaden der Häuser. Gerade deshalb war es nach dem Krieg für die Verantwortlichen ein wichtiges Anliegen, die Bunker, die zu den wenigen intakten Gebäuden gehörten, in irgendeiner Form weiter zu nutzen – ob als Lagerraum oder als Notunterkunft. Die Alliierten beabsichtigten dagegen, möglichst alle Bunker zu sprengen, um im Falle eines erneuten Krieges gegen Deutschland zu verhindern, dass die Gegner diese militärisch nutzen konnten. Man fand eine Lösung, die beiden Seiten entgegenkam: Um die Anlagen als Schutzräume im Kriegsfall unbrauchbar zu

Sitzbänke im Tiefbunker Steintorwall.

machen, wurden Löcher in die Außenwände gesprengt; die Bunker wurden „entfestigt". Erst im Laufe des Kalten Krieges hörten die Alliierten mit der Entfestigung auf und begannen stattdessen, viele Bunker zu modernen Zivilschutzanlagen umzubauen – mit allem ausgestattet, was man damals für einen Atomkrieg zu brauchen glaubte.

Nach dem Zweiten Weltkrieg kamen im Tiefbunker Steintorwall dagegen erst einmal obdachlose Menschen unter. Bis 1950 wurden hier unten ein Hotel und ein Restaurant betrieben. Ab den 1970er Jahren wurde der Tiefbunker in eine Zivilschutzanlage umgewandelt. Bis heute ist er als Schutzraum für den Katastrophenfall vorgesehen.

Eine unscheinbare Treppe führt neben dem Hauptbahnhof in den Bunker hinein, doch das Gatter am Eingang bleibt die meiste Zeit verschlossen. Nur wenn der Hamburger Unterwelten e. V. eine Tour anbietet, können Interessierte sich den Bunker von innen ansehen. Drucktüren trennen die mehr als 2700 Quadratmeter große Anlage von der Außenwelt. Schmale, bis zu 80 Meter lange Gänge führen zu Küchen, Schlafsälen mit metallenen dreistöckigen Betten und Aufenthaltsräumen. In diesen stehen aufgereiht niedrige Sitzmöbel aus Holz, die ähnlich wie Stühle für Schulkinder aussehen. Über den Sitzreihen sind graue Schaumstoffkissen befestigt. Sie sollten im Ernstfall die Köpfe der Menschen während Detonationen schützen.

Die Anlage verfügte über zwei Brunnen, einen Stadtwasser- und einen Stromanschluss sowie zwei Notstromanlagen. Zwei Kraftstoff-tanks konnten mit einer Gesamtkapazität von 40.000 Litern die Notstromaggregate 14 Tage lang mit Dieselkraftstoff speisen. Mit verschiedenen Filtern ausgestattete Lüftungsanlagen bereiteten die Frischluft von der Oberfläche auf. Die Räume wurden mit dem Nötigsten eingerichtet, für 2000 Personen lag jeweils eine Grund-ausrüstung bereit: von der Schlafdecke über das Essensgeschirr bis hin zur Rolle Klopapier und einem Leichensack. Heute sind die Räume kalt und still. Im Ernstfall müssten die Menschen Temperaturen bis zu 30 Grad und eine Luftfeuchtigkeit von 90 Prozent aushalten.

Mit ihrer „modernen" Ausrüstung lassen die Räume des Tiefbunkers am Bahnhof wie auch die meisten anderen Bunker, die zu Zivilschutzanlagen umgewandelt wurden, nur noch schwer erahnen, welche Szenarien sich dort während des Zweiten Weltkrieges abgespielt haben. Wie die Menschen in ihnen saßen oder standen, warteten, bis die Bombenangriffe vorbei waren. Und hofften, dass der Krieg endlich ein Ende hat.

Wien

An einem kalten Februartag hetzt Harry Lime durch das nächtliche Wien. Seine Verfolger, die britischen Militärpolizisten Calloway und Paine, sind ihm dicht auf den Fersen. Keuchend rennt Harry Lime und verschwindet schließlich in die Kanalisation. Er springt über Wasserrinnen und läuft durch schmale Gänge immer weiter. Durch einen Gullydeckel versucht er, wieder an die Oberfläche zu gelangen, doch der Deckel lässt sich nicht öffnen. Harry Lime ist in der Falle, die Verfolgungsjagd endet abrupt.

Seitdem der Schauspieler Orson Welles 1949 im Film „Der dritte Mann" durch Wiens Abwassersystem seinen Verfolgern entkommen wollte, ist der Untergrund der Stadt weltbekannt. Das rund 7000 Kilometer lange Kanalnetz leitet jährlich rund 220 Millionen Kubikmeter Abwasser zur Hauptkläranlage. Bereits im Jahr 1739 war Wien als erste Stadt Europas vollständig kanalisiert.

Doch Wiens Untergrund hat noch mehr zu bieten als die Kanalisation. Vergessene Keller, Bunker und rätselhafte Gänge unterhöhlen die Metropole. So bauten die Wiener bereits im Mittelalter Keller, die bis zu vier Stockwerke tief sind. Viele von ihnen wurden durch lange

Luftschutzstollen im Großraum Wien.

Gänge verbunden, die heute entweder direkt im Kellerraum oder schon nach wenigen Metern zugemauert sind. Wo sie einst genau hinführten, kann daher niemand mehr so richtig beantworten.

Vor allem aus Kriegszeiten haben sich viele Spuren im Untergrund erhalten. Die Luftangriffe während des Zweiten Weltkrieges zwangen die Bevölkerung dazu, über Schutzmaßnahmen nachzudenken. Wien fand die Lösung unter der Erde: Das, was hier bereits an alten Gängen, Lagerräumen und Kellern existierte, wurde bombensicher ausgebaut und miteinander verbunden. Unter Wien entstanden während des Zweiten Weltkrieges Luftschutzkeller, Stollen und Bunkeranlagen, in denen viele Relikte aus der Zeit des Nationalsozialismus bis heute überdauert haben.

Bereits lange vor dem 20. Jahrhundert wurde die Unterwelt genutzt und entscheidend verändert. So auch während der Ersten Türkenbelagerung, als Wien – schon damals eine der größten Städte Mitteleuropas – für einige Wochen so gut wie erobert schien.

Am 27. September 1529 hatten rund 150.000 Soldaten unter dem Kommando des Sultans Süleyman I. die Hauptstadt der Habsburgerischen Erblande endgültig umzingelt. Für die Wiener gab es kein Entrinnen mehr. Sie waren innerhalb der Stadtmauern eingeschlossen.

Schon Wochen zuvor hatte die Vorhut des türkischen Heeres Angst und Schrecken im Umland verbreitet. Eine etwa 20.000 Mann starke Kavallerie war plündernd durch das Wiener Becken gezogen. Tausende Menschen wurden von den „Akindschis" ermordet, gefangen genommen und versklavt. Die Wiener konnten gegen die Übermacht gerade mal 17.000 Fußsoldaten und 2600 Reiter aufbieten.

Dennoch wehrten sich die Stadtbewohner beharrlich. Und die Türken standen vor einem Problem: Ihre Geschütze eigneten sich nicht, um die Mauern Wiens zu zerstören. Weil es oberirdisch kein Vorankommen gab, musste eine neue Taktik her: Der Kampf wurde in den Untergrund verlagert. Die Türken trieben lange unterirdische Stollen bis unter die Befestigungsanlagen der Stadt. Unter den Fundamenten füllten sie Minen mit Sprengstoff und ließen sie explodieren. Auf diese Weise sollten Gebäude zum Einsturz gebracht werden.

Doch diese Methode funktionierte nicht, und so beschloss der Sultan, nach mehreren Wochen erfolgloser Kämpfe sein Vorhaben abzubrechen. Unverrichteter Dinge brachen die Türken die Belagerung ab und zogen sich zurück. Die Spuren dieser wie auch der Zweiten Türkenbelagerung im Jahr 1683 – diesmal gelang es den Türken, mit gesprengten Minengängen Teile der Stadtmauer zu zerstören – sind dagegen bis heute erhalten geblieben.

Minengänge durchziehen den Untergrund Wiens. Alten Chroniken zufolge ließ der türkische Großwesir während der Zweiten Türkenbelagerung Tunnel bis unter die Hofburg graben. Auf einem Kupferstich aus dem Jahr 1683 ist das gesamte untergrabene Gebiet zwischen dem heutigen Kunsthistorischen Museum bis zum Rathaus detailgetreu wiedergegeben.

Reste dieser in bis zu zehn Metern Tiefe gelegenen Tunnel tauchen immer wieder bei Bauarbeiten auf, so beispielsweise im Jahr 2005 beim Abriss eines Wohnhauses. Auch als sich der Boden im August 2009 unter der Wiener Ringstraße plötzlich öffnete und ein ganzer Baum in dem Loch versank, vermutete man einen solchen Minengang als Ursache.

Damals wussten nicht nur die Türken den Untergrund für sich zu nutzen. Während der Belagerungen bauten die Wiener große unterirdische Hallen, um Munition zu lagern. Auch der ehemalige kaiserliche Weinkeller, die „Alte Hofkellerey", wurde im 17. Jahrhundert ursprünglich als Gewölbekeller für Waffen und Munition errichtet. Da der wirtschaftliche Wohlstand der Stadt bis ins 16. Jahrhundert neben dem Transithandel vor allem auf Weinanbau beruhte, nutzten die Wiener viele dieser Räume nach den Belagerungen als Weinkeller. Zu manchen Zeiten lagerten allein in der Alten Hofkellerey zwei Millionen Liter Wein – darunter Gewächse aus allen Ländern der Habsburger Monarchie, aber auch aus Bordeaux sowie aus dem Rhein- und Moselgebiet.

Neben Munition und Wein gab es zu jener Zeit, in der noch jeder mit Pferd und Wagen unterwegs war, einen großen Bedarf an Pferdeställen. Für den sich verschlimmernden Platzmangel im eng bebauten Stadtzentrum musste eine Lösung gefunden werden: Sie lag wieder einmal unter der Erde. Über geneigte Gänge führten die Wiener ihre Pferde in Stallungen unter der Oberfläche. In einem dieser unterirdischen Pferdeställe aus dem Jahr 1740 sind noch mehrere steinerne Tränken erhalten. Auf den Touren der Fremdenführerin Gabriele Lukacs können Besucher diese und viele andere verborgene Seiten der Stadt kennenlernen.

Der Umgang mit Bauwerken und Objekten aus der Zeit des Nationalsozialismus hat immer für starke Kontroversen gesorgt. Viele europäische Städte mussten sich nach dem Krieg früher oder später mit der Frage auseinandersetzen, wie sie die Vergangenheit aufarbeiten sollen.

Das schöne Wien steht vor allem für den alten Stephansdom und prächtige Paläste, für Sisi und Sachertorte. Wollen Besucher eine geführte Tour in die Unterwelt Wiens unternehmen, dann werden sie höchstwahrscheinlich auf Werbeplakate von der „Dritte Mann Tour" stoßen. Dass der Untergrund auch vom Naziregime maßgeblich geprägt wurde, ist eher unbekannt. Dabei sind aus dieser Zeit viele Bunker übriggeblieben – und ein riesiges unterirdisches Labyrinth.

Im Jahr 1938 wurde Österreich dem Deutschen Reich „angeschlossen". Groß-Wien entstand und umfasste das Dreifache der heutigen Stadtfläche. Ab 1940 wurde Wien in das „Führer-Sofortprogramm" miteinbezogen. Im Zuge des Programms wurden zunächst unter zahlreichen Grünanlagen, Plätzen und öffentlichen Gebäuden Tiefbunker gebaut. Erst im Laufe des Krieges wechselte die Stadt von Tiefbunkern hin zum Bau von oberirdischen Bunkern. Dazu gehörten auch die Flaktürme, Hochbunker, die für Flugabwehrkanonen errichtet wurden und gleichzeitig Schutzraum boten.

Die Architektur der Tiefbunker folgte einem festen Schema: 300 Personen sollten Platz in insgesamt 44 Kammern finden, hinzu kamen Sanitär- und Waschräume sowie Toiletten. Aufschriften an den Wänden der Gänge informierten darüber, welche Kammern für welche Personengruppen bestimmt waren, so zum Beispiel „Mütter und Säuglinge" oder „Alte und gebrechliche Personen". In jeweils zwei Maschinenräumen sorgten Belüftungsanlagen mit Gasfiltern für Sauerstoff.

Neben Tiefbunkern und Flaktürmen entstand in Wien ein riesiges unterirdisches Netzwerk. Im Jahr 1944 beauftragte die Partei-

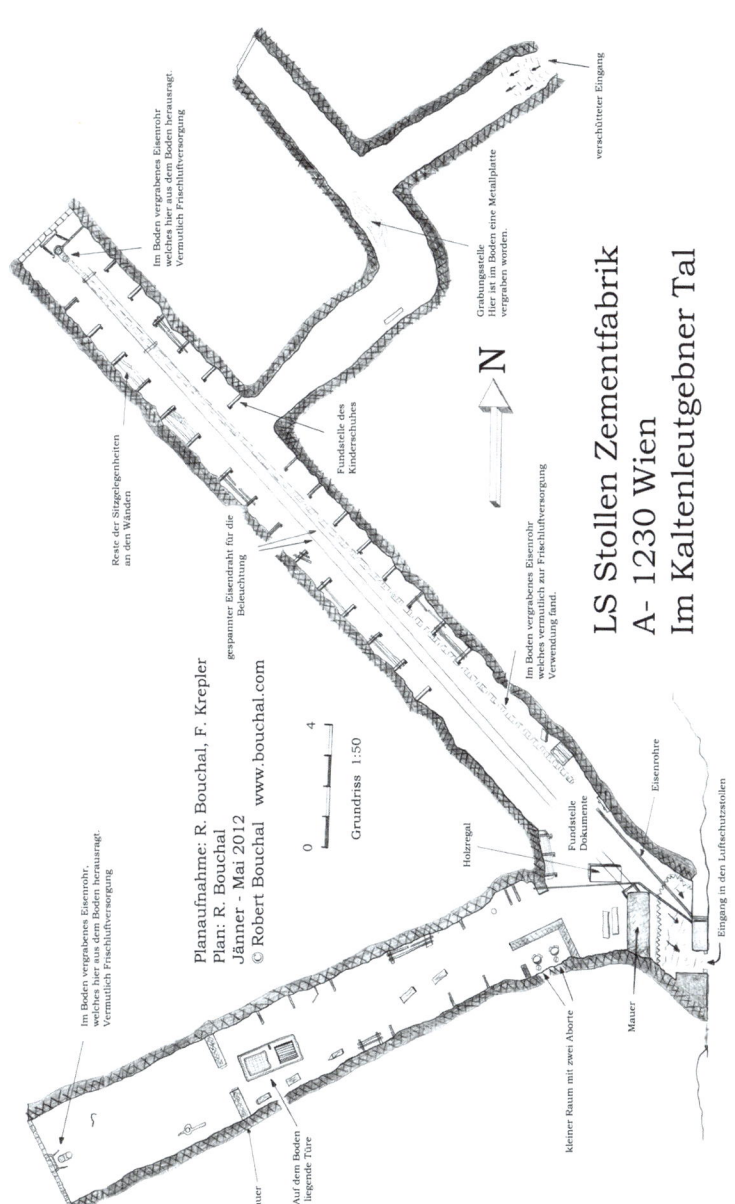

LS Stollen Zementfabrik
A- 1230 Wien
Im Kaltenleutgebner Tal

Planaufnahme: R. Bouchal, F. Krepler
Plan: R. Bouchal
Jänner - Mai 2012
© Robert Bouchal   www.bouchal.com

Grundriss 1:50

0   4

N

verschütteter Eingang

Im Boden vergrabenes Eisenrohr welches hier aus dem Boden herausragt. Vermutlich Frischluftversorgung

Grabungsstelle
Hier ist im Boden eine Metallplatte vergraben worden.

Fundstelle des Kinderschuhes

Reste der Sitzgelegenheiten an den Wänden

gespannter Eisendraht für die Beleuchtung

Im Boden vergrabenes Eisenrohr welches vermutlich zur Frischluftversorgung Verwendung fand.

Im Boden vergrabenes Eisenrohr, welches hier aus dem Boden herausragt. Vermutlich Frischluftversorgung.

Eisernrohre

Eingang in den Luftschutzstollen

Holzregal

Fundstelle Dokumente

kleiner Raum mit zwei Aborte

Mauer

Auf dem Boden liegende Türe

Mauer

Plan eines Luftschutzstollens im Großraum Wien.

spitze den damaligen Wiener Stadtbaurat, den Luftschutz für die Innenstadt flächendeckend auszubauen. Hierfür wurden neue Stollen gegraben. Aus Mangel an Ressourcen griffen die Wiener aber auch auf das zurück, was bereits unter der Erde existierte. Sie entfernten Zwischenmauern, gruben Gänge und verbanden auf diese Weise die alten Kelleranlagen, Weinkeller und Lagerräume miteinander. In dem weitläufigen Netz konnte man sich unter der gesamten Innenstadt Wiens fortbewegen, ohne dabei den Untergrund verlassen zu müssen. Hier unten versteckten sich während der Luftangriffe des Zweiten Weltkrieges, die am 12. März 1945 ihren Höhepunkt erreichten, rund 200.000 Menschen. Gab es bereits im Mittelalter viele Verbindungen zwischen den Kellern, so erreichte das unterirdische Netz Wiens während des Zweiten Weltkrieges eine völlig neue Dimension. Nun glich es wahrhaftig einem riesigen Labyrinth.

Auch rund 70 Jahre nach dem Krieg existieren noch viele Keller, deren Zustand sich bis heute kaum verändert hat: Phosphoreszierende Streifen an den Wänden haben ihre Leuchtkraft nicht verloren. Richtet man die Taschenlampe auf die Streifen und schaltet sie daraufhin wieder aus, so erstrahlen sie in einem kalten, unheimlichen Neongrün. An den Wänden findet man Pfeile und Hinweise wie „Notausstieg" oder „Luftschutz-Raum 1". Sie boten damals den Schutzsuchenden Orientierung bei Stromausfällen.

In manch einem Keller liegen unter dicken Staubschichten alte Reisekoffer und Truhen, achtlos auf dem Boden verteilt. In den kleinen Kammern türmen sich Kohlehaufen – nicht selten versteckten die Menschen in der Kohle ihre wenigen Wertsachen. In der einen oder anderen Ecke dieser Keller sind die Reste von alten Waschküchen übriggeblieben. Noch viele Jahre nach dem Krieg rührten die Hausfrauen im Wasser der eingeheizten Kessel ihre Wäsche mit hölzernen Löffeln kräftig durch.

Bei einigen Kellern fragt man sich, ob sie nach dem Krieg überhaupt jemals wieder betreten worden sind. Modernere Schreibmaschinen und Diaprojektoren lassen jedoch vermuten, dass zumindest ab den 1980er Jahren jemand wieder den Weg dorthin gefunden hat. Auch Coladosen, hier und da auf einen Schutthaufen geworfen, liefern den Beweis, dass die Uhr seit dem Krieg nicht stehen geblieben ist.

Seltenheiten, die eigentlich in ein Museum gehören, haben hier unten überdauert, wie ein dicker Stapel gelblichen Papiers mit vielen schwarzen Kreisen und der Überschrift „Reichsarbeitsdienst": Es sind Ringscheiben aus der NS-Zeit. Die Dokumente liegen zwischen Kohlehaufen, Schutt und Dosen. Einfach so. Seit fast 70 Jahren.

Während in solchen Räumen die historischen Relikte nach und nach in Vergessenheit gerieten, wurden andere Keller aufwendig restauriert. So auch die unterirdischen Stockwerke eines Eckhauses in der Innenstadt. Der Besitzer hat die Kellerräume renoviert, die jetzt als Verkaufslokal und Veranstaltungszentrum öffentlich zugänglich sind. Hier kann man sogar die Reste eines römischen Tores sehen – aus jener Zeit, als die römischen Legionäre am Donaulimes im Kastell „Vindobona" die Grenze gegen die Germanen sicherten. Die 2000 Jahre alte Geschichte Wiens ist in jedem einzelnen Stein der Wände wieder erfahrbar.

Das Schicksal der Keller hängt immer von den Hausbesitzern ab. Schließlich sind sie Privateigentum. Was mit den öffentlichen Luftschutzbunkern passiert, entscheidet dagegen die Stadt. Viele der Bauwerke ließen die Verantwortlichen nach dem Krieg sprengen und zuschütten. Andere Bunker standen jahrzehntelang leer und verwahrlosten.

Der „Erinnerungsbunker" im Arne-Carlsson-Park ist ein Beispiel für solch einen vernachlässigten Bunker. Lange Zeit nutzten Mitarbeiter des Stadtgartenamtes den Bunker, um ihre Geräte zu lagern.

Feuchtigkeit drang durch alle Ritzen in die Räume, der Putz rieselte an vielen Stellen herunter. Der Bunker schimmelte und rostete vor sich hin. Mittlerweile hat sich sein Zustand verbessert. Die Stadt Wien finanzierte notwendige Sanierungsarbeiten, baute unter anderem eine neue Belüftungsanlage ein. Ehrenamtliche Mitarbeiter des Bezirksmuseums retteten viele originale Maschinenteile und Lüftungsrohre vor dem Verfall. Schüler eines Gymnasiums realisierten ein Ausstellungskonzept. Verantwortlich für das Denkmal ist vor allem Dr. Marcello La Speranza, Historiker und Experte für die Bunker und Flaktürme in Österreich. Um die Zeit des Zweiten Weltkrieges wieder spürbar zu machen, hat er einige der Kammern im „Erinnerungsbunker" mit originalen Gegenständen aus dem Zweiten Weltkrieg eingerichtet: In der rekonstruierten Erste-Hilfe-Station steht eine Krankentrage, an der Wand hängt ein gefüllter Sanitätskasten.

Und so betritt man heute durch die alte Gasschleuse den Bunker mit dem Gefühl, eine Reise in die Vergangenheit zu unternehmen. Der leere Gang mit den vielen kleinen Kammern scheint endlos – während der Luftangriffe standen hier die Wiener dichtgedrängt, da die Kammern häufig bereits überfüllt waren. Heute hängen Plakate und Dokumente der Ausstellung an der Wand – damals waren die Mauern grau und kahl. Das Einzige, was man hört, ist das gleichmäßige Rauschen der Belüftungsanlage. Ab und an tropft Wasser von der Decke in darunter stehende Eimer. Der Zustand des Bunkers hat sich in den letzten Jahren verbessert, optimal ist er aber noch nicht.

Dass ein Bunker auch ganz anders genutzt werden kann, zeigt der Flakturm im Esterházypark: Haie schwimmen neben Quallen und Schildkröten in einem Aquarium, Ameisen krabbeln durch Glasröhren, Nashornvögel fliegen vorbei an kleinen Äffchen – all das auf viele Stockwerke verteilt. Der Turm wurde zum Zoo ausgebaut, heute das „Haus des Meeres". Ganz oben jedoch, im zehnten Stockwerk, wurde ein „Kommandoraum" rekonstruiert, wo Marcello La

Ringscheiben aus der Zeit des Nationalsozialismus liegen seit fast 70 Jahren in einem Wiener Keller.

Speranza wieder Originalrelikte aufgestellt hat, die den technischen Aspekt des ehemaligen Feuerleitturmes beleuchten. Die vielfältige Nutzung der ehemaligen Kriegsbauten, die Verbindung einer neuen mit einer alten Zeit, ist im Haus des Meeres gelungen.

Der Wunsch, die Nazi-Zeit möglichst schnell zu vergessen, führte dazu, dass viele Zeugnisse der Gewaltherrschaft in der Nachkriegszeit rasch beseitigt wurden. Paradoxerweise existieren eben aufgrund dieser Verdrängung viele der unterirdischen Bauten bis heute. Die Menschen vergaßen sie, weil sie nicht zu sehen waren. Für den Fotografen Robert Bouchal sind diese Orte wahre Fundgruben. Ihn fasziniert die aufwendige Fotografie auf schwierigstem Terrain und an schwer zugänglichen Stellen. Dazu gehören auch die Keller, Bunker, ja sogar ganze Rüstungsanlagen im Wiener Untergrund.

Immer wieder gibt es spektakuläre Funde. Erst kürzlich wurde beispielsweise ein Luftschutzstollen im Großraum Wiens entdeckt. Der Stollen liegt versteckt hinter einer Zementfabrik. Nach dem Krieg geriet er offenbar viele Jahrzehnte lang in Vergessenheit. Als die Forscher in den Stollen hineinstiegen, war die Vergangenheit in jedem Winkel zu spüren: vermoderte Holzbänke an den Seiten des Stollens, rostige Halterungen für die Beleuchtung an der Decke. Neben Konservendosen und Gegenständen des täglichen Gebrauchs fanden sie Kinderschuhe, zwei Eimer, die als Aborte dienten, Formulare, die den Bunkerbetrieb dokumentierten – und Hohlbretter mit Aufschriften wie „Achtung Lebensgefahr" und „Rettungsstelle". Man hatte diese für den Stollen, der vermutlich als Luftschutzraum für die Fabrik diente, zu Hinweistafeln umfunktioniert.

Die Bunker und Keller unter Wien strahlen eine besondere Atmosphäre aus. Dass sie als Zeitkapseln die Geschichte in sich bewahren, macht sie so faszinierend. Um aber aus der Vergangenheit lernen zu können, wünschen sich die Wiener Unterweltexperten einen aktiveren und bewussteren Umgang mit den unterirdischen Denkmälern. Wien sollte die Spuren in der Unterwelt aufarbeiten, sich mit ihnen auseinandersetzen. Wien sollte sich erinnern – und zwar an jede Epoche.

3.

UNTERWEGS IM UNTERGRUND

Je mehr Menschen in den Städten lebten, desto größer wurde das allgemeine Verkehrschaos. Die ersten Pläne für unterirdische Verkehrswege wurden Mitte des 19. Jahrhunderts realisiert. Heute ist die U-Bahn als urbanes Raumelement aus vielen Metropolen nicht mehr wegzudenken.

Moskaus Metro galt von Anfang an als Prestigeprojekt. Doch der Weg bis zur Fertigstellung des wohl schönsten U-Bahnnetzes der Welt war schwierig und zäh. Hier wie auch im U-Bahnnetz von New York – dieses zählt übrigens wiederum zu den größten der Welt – zeigt sich, wie viele Schicksale von solchen unterirdischen Großbauprojekten maßgeblich abhängig waren. In den Tunneln unter den Metropolen arbeiten bis heute Menschen unter härtesten Bedingungen. Und manch einer hat hier unten sogar sein Zuhause gefunden.

New York

Glamour und Geld, Freiheit und Zukunft – dafür steht New York. Millionen von Immigranten landeten hier im 19. Jahrhundert, auf der Suche nach einem besseren Leben. Von da an stieg die Stadt zu einer blühenden Metropole auf. Manhattans Hochhäuser symbolisieren den Einfluss New Yorks auf die globale Wirtschaft. Der Broadway gehört zu den berühmtesten Straßen der Welt. Doch ohne die Unterwelt wären New Yorks Wolkenkratzer nie so hoch geworden, die Einwohnerzahl nie auf mehr als acht Millionen gestiegen. Unter der

Erde befindet sich das, was die Stadt zusammenhält: Tunnel für den Verkehr und die Wasserversorgung ziehen sich wie Blutgefäße durch den Untergrund. Dank ihnen pulsiert und lebt die Stadt wie ein gigantischer Organismus. Die Tunnel zeugen nicht nur von hervorragenden technischen Leistungen, sondern auch von den Schicksalen vieler Menschen. Die einen riskieren täglich ihr Leben, um sie auszubauen und instand zu halten. Die anderen haben entschieden, hier unten dauerhaft zu leben – in einer dunklen Welt, die zur glitzernden Oberfläche New Yorks in keinem deutlicheren Kontrast stehen könnte.

New York liegt an der Küste, dort, wo mehrere Flüsse in den Atlantik münden. Umso erstaunlicher scheint es, dass seit 100 Jahren ein komplexes System aus Tunneln die Stadt mit Wasser aus Seen und Reservoirs speisen muss, die teils Hunderte Kilometer entfernt liegen.

Der Metropole fehlt es seit jeher an frischem Süßwasser. Bis heute ist die Trinkwasserversorgung eines der größten Probleme der Stadt, denn selbst das Wasser der naheliegenden Flüsse ist zu salzig. Bereits vor 100 Jahren begannen deshalb die New Yorker, ein Bauprojekt umzusetzen, das sich zu einem der komplexesten Systeme seiner Art entwickelt hat. Täglich befördert es 5,7 Milliarden Liter Wasser zu den acht Millionen Einwohnern. Mittlerweile müssten diese Wassertunnel dringend saniert werden. Doch sie können zu diesem Zweck nicht einfach abgeschaltet werden. Denn dann wäre New York von einem Moment auf den anderen ohne Wasser.

Deshalb entschloss sich die Stadt bereits im Jahr 1970 dazu, einen weiteren Tunnel zu bauen, der fast 100 Kilometer lang werden soll. „Tunnel No. 3" gehört zu den größten zivilen Bauprojekten der USA und ist das wohl wichtigste Vorhaben für die Zukunft New Yorks.

Das komplexe System unter ihren Füßen nehmen die New Yorker kaum wahr. Aufmerksamkeit erregte lediglich ein Unfall, der sich im Jahr 1993 ereignete: In einem Stollen, der zum Tunnel No. 3

Der „Tunnel No. 3" gehört zu den größten zivilen Bauprojekten der USA.

hinunterführte, riss das Drahtseil einer Winde. Ein Gerüst, auf dem Tunnelarbeiter standen, stürzte in die Tiefe. Ein Arbeiter kam dabei ums Leben. Die New Yorker waren entsetzt und gleichzeitig erstaunt darüber, was sich unter dem Boden der Stadt täglich abspielt. Für die Tunnelarbeiter dagegen war es nur ein weiterer Unfall. Die Todesfälle von Kollegen sind für die „Sandhogs", die Erdschweine, fast schon Alltag, denn ihre Arbeit gehört zu den gefährlichsten Jobs in Amerika. Dennoch weiß kaum ein New Yorker von ihrer Existenz und ihrem Einsatz. Die Aufmerksamkeit der Medien für den Unfall von 1993 war eine Ausnahme.

Die Sandhogs arbeiten an Orten, die für die Stadtbewohner unsichtbar sind: Hunderte Meter unter den Straßen von New York. Hier bohren und sprengen sie, graben und betonieren, manchmal in extremer Hitze, manchmal in frostiger Kälte, zwischen Sand und Felsen, die zum Teil 450 Millionen Jahre alt sind.

Die Geschichte der Sandhogs ist eng mit der Geschichte der aufstrebenden Metropole verbunden. Von Beginn an mangelte es New York an Trinkwasser. Als Anfang des 18. Jahrhunderts die Einwohnerzahl rapide anstieg, mussten sich die New Yorker eine einzige Wasserquelle teilen: den Collect Pond, der in der Nähe des heutigen U.S. Court House am Foley Square lag. Aus ihm schöpften sie ihr Trinkwasser, warfen aber gleichzeitig auch alles nur Erdenkliche hinein. Brauereien, Schlachthöfe, Gerbereien und andere Betriebe entsorgten dort ihre Abfälle. Nicht selten trieben tote Katzen, Kühe und sogar menschliche Leichen im Pond. Ende des 18. Jahrhunderts war das Wasser völlig verschmutzt. Seuchen breiteten sich unter den Stadtbewohnern regelmäßig aus. Eine Choleraepidemie in Lower Manhattan forderte im Jahr 1832 rund 3500 Opfer.

Um der Lage Herr zu werden, entschied sich die Stadt endlich, Tunnel zu den weit entfernten Seen zu verlegen und Reservoirs zu bauen, die New York teilweise bis heute mit Trinkwasser versorgen.

Manche liegen mehr als 120 Kilometer entfernt und sind durch Rohre, Tunnel und Aquädukte mit der Metropole verbunden.

Das „Croton Aqueduct" wurde als erstes Aquädukt New Yorks im Jahr 1842 feierlich eingeweiht. Doch der Jubel hielt nicht lange an: Weil die Stadtbevölkerung weiterhin wuchs, wurde das Wasser bald schon wieder knapp. Die Kapazitäten des Croton Aqueduct waren bereits nach zehn Jahren ausgeschöpft. Die New Yorker brauchten dringend mehr Wassertunnel und Reservoirs. Das Errichten dieser Bauten hinterließ auch auf der Oberfläche sichtbare Spuren. Allein für das „Catskill Aqueduct" mussten mehrere Dörfer überflutet und mehr als 3000 Menschen umgesiedelt werden.

Eine technische Herausforderung war bei den Tunneln vor allem der sandige, weiche Boden im Umkreis der Flüsse. Um die Wände des Tunnels zu stabilisieren, wurde Druckluft in die Schächte gepumpt. So konnten die Tunnelarbeiter graben, ohne dass ihnen dabei die Decke auf den Kopf fiel. Zum ersten Mal wendeten die Ingenieure diese Methode in den 1870er Jahren an, beim Bau der Fundamente der Brooklyn Bridge.

Das Graben im sandigen Untergrund gab übrigens den Sandhogs ihren Namen. Die Brooklyn Bridge war deren erstes Projekt als organisierte Gruppe. Vor allem irische, deutsche und italienische Immigranten arbeiteten damals als Sandhogs. Um in Amerika bleiben und leben zu können, scheuten sie sich nicht davor, diesen gefährlichen Job zu übernehmen.

Die Sandhogs arbeiteten damals innerhalb einer schmalen Luftschleuse, in die Druckluft eingeführt wurde. Der Körper reagierte sofort. Zunächst beschleunigte sich der Puls. Im Kopf rauschte es, das Sprechen fiel schwer. Viele Sandhogs litten an den Symptomen der Taucherkrankheit: lähmende Schwäche, Fieber, kalter Schweiß und ständiges Erbrechen.

Neben der körperlichen Reaktion auf den Aufenthalt in der Tiefe barg die Arbeit unter Tage viele weitere Gefahren: Erdrutsche, fehlgeschlagene Sprengungen, einstürzende Gruben und Flutwellen.

Ein besonders spektakulärer Unfall im Untergrund New Yorks ereignete sich im Jahr 1916, bei den Bauarbeiten an einem Tunnel unter dem East River. In der Tunnelwand hatte sich ein kleiner Riss gebildet, durch den immer mehr Druckluft strömte. Der Riss weitete sich in kürzester Zeit zu einem großen Loch aus. Werkzeuge und Schutt wurden hineingezogen – und dann sogar drei Tunnelarbeiter. Durch den schlammigen Boden des Flusses wurden sie an die Oberfläche katapultiert. Marshall Mabey, einer der drei Unglücklichen, schoss fast acht Meter in die Höhe über den Fluss hinweg und landete im Wasser. Während seine bedauernswerten Kameraden sterben mussten, überlebte Mabey den Vorfall mit nur leichten Verletzungen. Berichten zufolge soll Mabey direkt am Tag nach dem Unfall wieder zur Arbeit gegangen sein. 25 Jahre arbeitete er noch als Sandhog. Sein Schicksal machte ihn fast zu einer mythischen Figur der Sandhogs – für sie symbolisiert er die Hingabe zu einem lebensgefährlichen Beruf.

Wie viele Sandhogs insgesamt seit dem Bau der Brooklyn Bridge tödlich verunglückt sind, kann nur geschätzt werden. Es dürften Hunderte gewesen sein. Allein der Bau des Tunnels No. 3 hat seit 1970 mehr als 20 Menschen das Leben gekostet.

Trotz der extrem harten Arbeitsbedingungen gibt es bis zum heutigen Tag Menschen, die sich für diesen riskanten Job entscheiden. Es sind Nervenkitzel und Abenteuer, jeden Tag und jede Stunde. Die Sandhogs steigen hinab in Tiefen, wo kein menschliches Lebewesen vor ihnen war, inmitten Millionen Jahre alter Felsen – hoch über ihnen die belebten Straßen New Yorks. Bei den Bauarbeiten des neuen Tunnels No. 3 graben sie an manchen Stellen in einer Tiefe von bis zu 250 Metern – so tief, wie viele der New Yorker Wolkenkratzer hoch sind.

An ihrem Job schätzen die Sandhogs auch die Kameradschaft untereinander. Hier arbeiten Iren, Polen, Deutsche, Italiener, Schwarze und Weiße zusammen und fühlen sich dabei brüderlich verbunden. Viele bleiben ihr Leben lang Sandhogs. Oft haben ihre

Väter schon in den Tunneln gearbeitet. Den Beruf geben sie dann wiederum an ihre Söhne weiter. Die Sandhogs tragen zum Aufstreben der Stadt maßgebend bei. Ohne die Tunnel hätte New York nie so sehr in die Breite und Höhe wachsen können.

Als New York im 19. Jahrhundert immer mehr Einwanderer anzog und die Bevölkerung rapide wuchs, gab es neben dem Trinkwassermangel noch ein weiteres Problem: Die Stadt war verstopft von Kutschen, Omnibussen und Fußgängern. Ingenieure, Politiker und Investoren versuchten, ihre Ideen zur Lösung des Verkehrschaos in den Straßen New Yorks durchzusetzen, mit unterschiedlich großem Erfolg. Den Anfang machte der Zeitungsverleger und Erfinder Alfred Beach, als er im Jahr 1870 die New Yorker Prominenz zur Eröffnung der ersten Untergrundbahn einlud. Vorbild für seine „Beach Pneumatic" war die Rohrpost. Angetrieben von Druckluft fuhr das Fahrzeug innerhalb eines knapp 100 Meter langen Tunnels hin und her. Beach hatte das Projekt weitgehend im Verborgenen umgesetzt, um mit seiner Idee an William „Boss" Tweed vorbeizukommen. Dank wichtiger Posten in der Wirtschaft und Politik galt Tweed, einstiger Feuerwehrmann, zu jener Zeit als mächtigster Mann New Yorks. Er finanzierte ambitionierte Bauprojekte wie die Brooklyn Bridge und hatte in das lukrative Kutschengeschäft investiert. Wegen seines großen Einflusses auf die Verkehrssituation der Metropole führte für Beachs Projekt kein Weg am „Boss" vorbei – außer, wenn er sein Vorhaben lang genug geheim halten konnte, was ihm dann auch gelang. Viele Journalisten und Prominente kamen zur Eröffnungsfeier, bestaunten das Fahrzeug und die prächtige Wartehalle mit Kronleuchtern und Gemälden. Beachs Bahn hatte dennoch keine Zukunft. Trotz seiner Versuche, den Tunnel zu verlängern und zu einem weitläufigen U-Bahnnetz auszubauen, scheiterten seine Pläne nach dem Börsencrash von 1873 endgültig. Jahrzehnte später stießen Arbeiter in der Erde auf den verrotteten Waggon der Beach Pneumatic. Von der

Station und der luxuriösen Wartehalle fehlt dagegen bis heute jede Spur.

Zeitgleich zur Beach Pneumatic entstand die erste Hochbahnstrecke in New York von Charles Harvey. Doch vielen Einwohnern gefielen die Folgen ganz und gar nicht. Die dampfbetriebenen Eisenbahnen verursachten einen Höllenlärm und stanken, die Stahlgerüste verdunkelten die Straßen.

Kein Weg führte mehr an einer Verlegung des öffentlichen Verkehrs in den Untergrund vorbei. Doch um eine U-Bahn zu verwirklichen, musste die Stadt zunächst ein geeignetes Finanzierungsmodell aufstellen. Denn New York war wegen seiner hohen Verschuldung nicht in der Lage, die Baukosten zu tragen.

Das Finanzierungsmodell sah vor, dass die U-Bahn zwar der Stadt gehörte, Bau und Betrieb jedoch eine private Gesellschaft übernehmen sollte. Bei der Ausschreibung von „Contract No. 1" erhielten John B. McDonald und sein Geldgeber August Belmont junior den Zuschlag für 35 Millionen Dollar. Im Jahr 1900 begannen die Bauarbeiten. In den folgenden Jahren gruben 10.000 Arbeiter rund drei Millionen Kubikmeter Erde aus dem Untergrund. Am 27. Oktober 1904 war es dann endlich soweit: Die erste U-Bahnlinie New Yorks wurde eröffnet.

Die ganze Stadt feierte mit. Allein am Tag der Eröffnung fuhren 150.000 New Yorker auf der 15 Kilometer langen Strecke zwischen City Hall und der Bronx, fasziniert von der unterirdischen Welt, den modernen Maschinen und der Schnelligkeit, mit der sie nun weite Strecken zurücklegen konnten. Auch in den Tagen danach hielt die Begeisterung an New Yorks neuester Attraktion weiter an. Jeder wollte mit der U-Bahn fahren.

Weil die Bevölkerung weiterhin wuchs, war die im Jahr 1902 von Belmont gegründete Betreibergesellschaft Interborough Rapid Transit Company (IRT) schon bald völlig überlastet. Zudem kam die Brooklyn Rapid Transit Company (BRT) als Konkurrenz hinzu. Im Jahr 1940 übernahm die Stadt die privaten Bahngesellschaften, und es entstand die MTA (Metropolitan Transportation Authority) New York City Subway, kurz „Subway" genannt. Dank der U-Bahn verbanden sich Bronx, Brooklyn und Queens zu einer einzigen Millionenmetropole.

Mit 26 Linien, 468 Haltestellen und 337 Streckenkilometern zählt die MTA New York City Subway heute zu den weltweit größten und komplexesten U-Bahnnetzen.

Während täglich über fünf Millionen Menschen mit der Subway fahren, gibt es Orte unter New York, die seit Jahrzehnten verlassen sind und nicht betreten werden dürfen. Jedenfalls nicht offiziell. Dazu gehören ambitionierte Bauprojekte, die zum Beispiel wegen einer Finanzkrise irgendwann auf der Strecke blieben. Andere, einst stark frequentierte unterirdische Orte wurden einfach abgeriegelt, weil sie im Laufe der Zeit ihren Sinn verloren. Trotz des Verbots suchen viele Menschen jene verlassenen Räume auf, um in ihnen den Nervenkitzel zu spüren, an ihren kahlen Betonwänden Kunst zu machen – oder sogar, um dort zu wohnen.

Unter New York liegen vier Bahnhöfe still. Der wohl eleganteste von ihnen ist die City Hall Station in Manhattan. Als Bahnhof für die erste U-Bahnlinie sollte sie das Schaustück der Subway werden. Der spanische Architekt Rafael Guastavino entwarf ihre Räume im neoromanischen Stil. Die Gewölbe waren aus buntem Glas gefliest. Durch große Bleiglasfenster in der Decke flutete Tageslicht in den Raum, ergänzt durch das Licht prunkvoller Kronleuchter. Weil die Züge immer länger wurden, eignete sich die City Hall Station mit ihrer Kurve bald nicht mehr als Haltepunkt. Zudem bevorzugten die New Yorker ohnehin die unweit entfernt gelegene Brooklyn Bridge Station. Deshalb musste die City Hall Station im Jahr 1945 geschlossen werden.

Heute wird der Bahnhof nur noch als Schleife genutzt, auf der die Züge umdrehen, die an der Brooklyn Bridge Station enden. Ansonsten ist die City Hall Station völlig unzugänglich, ihre Ausgänge vermauert. Dennoch fällt wohl vielen New Yorkern, die nach der Unterwelt ihrer Stadt gefragt werden, als Erstes die City Hall Station ein, deren einstige Pracht unvergessen bleibt.

Es klingt unvorstellbar, dass ein Tunnel – 6,4 Meter breit, 5,2 Meter hoch und etwa 700 Meter lang – einfach verschwinden und in Vergessenheit geraten kann. Doch genau dieses Schicksal ereilte den Atlantic Avenue Tunnel, der unter dem Bezirk Cobble Hill in Brooklyn verläuft. Der älteste Tunnel Nordamerikas wurde im Jahr 1844 eröffnet. Die Idee war, einen kreuzungsfreien Schienenweg für die „Atlantic Avenue Railroad" zu schaffen. Außerdem wollte man die stinkenden Dampflokomotiven in den Untergrund verlegen. Nach kaum 17 Jahren wurde der Tunnel wieder geschlossen, weil die Verbindung zu selten genutzt wurde. Zudem verpestete der Dampf aus den Schornsteinen entgegen aller Erwartungen weiterhin die Luft an der Oberfläche. Bald nach der Stilllegung konnte keiner mehr mit Bestimmtheit sagen, ob es den Tunnel tatsächlich gibt. Nur noch in Legenden, die man sich von ihm erzählte, blieb er lebendig.

Auf eine ernsthafte Suche begab sich erst über 100 Jahre später Bob Diamond. Seit seiner Kindheit hatten ihn jene Geschichten über den Tunnel fasziniert. Sich über alle Zweifel seiner Umwelt hinwegsetzend, fand der junge Student im Jahr 1981 tatsächlich ein Einstiegsloch zum Tunnel. Nach der spektakulären Entdeckung wurde der Atlantic Avenue Tunnel im Jahr 1989 in die Liste der „National Register of Historic Places" aufgenommen.

Nie in Vergessenheit hingegen geriet der Amtrak-Tunnel unter dem Riverside Park in Manhattan. Im Jahr 1930 wurde der vier Kilometer lange Tunnel gebaut, um das Verkehrschaos auf der Oberfläche zu reduzieren und den Park für die Upper West Side zu erweitern. Nach seiner Stilllegung in den 1970er Jahren wurde 1991 ein Teil der Strecke für den Personenverkehr nach Albany reaktiviert. In der

Zwischenzeit hatten andere den Tunnel für sich entdeckt. Graffitisprayer schmückten die grauen Wände mit ihrer Kunst. Vor allem aber hatten sich Hunderte Obdachlose hier unten niedergelassen. Der Tunnel war ihr Zuhause geworden.

Die „Mole People" üben bis heute auf viele Menschen eine starke Faszination aus. Filme wurden gedreht und Bücher über sie geschrieben. Zahlreiche, teilweise unglaubliche Geschichten kursieren über die Mole People. Viele davon sind im Nachhinein widerlegt worden; auch die Behauptung, dass die Mole People Gruppen und Stämme bilden würden, um sich gegen Feinde und Ratten zu schützen. Dass die Obdachlosen sich gern im bislang unauffindbaren Wartesaal der Beach Pneumatic aufhalten, ist ebenfalls ein Märchen.

Trotz aller Legenden und Gerüchte existieren die Mole People tatsächlich. Diese Obdachlosen suchen gezielt im Untergrund der Metropole Unterschlupf. Spätestens durch die Filmdokumentation „Dark Days" wurden sie berühmt, besonders jene, die im Amtrak-Tunnel lebten. Hier hatten sie sich in alten Wartungskammern eingerichtet, manche sogar eigene kleine Hütten aus Sperrholz neben den Gleisen aufgebaut.

Für Außenstehende mag es ein Rätsel sein, warum Menschen freiwillig in unterirdischen Räumen wie dem Amtrak-Tunnel leben – in völliger Dunkelheit und Stille, die nur ab und zu von einem durchfahrenden Zug oder dem Geräusch spielender Kinder aus dem darüber liegenden Park unterbrochen wird. Die Mole People geben in Interviews auf diese Frage verschiedene Antworten: Gerade weil der Tunnel stockdunkel ist, können sie Verfolger, zum Beispiel aggressive Jugendliche, leichter abhängen. Deshalb würde ihnen im Tunnel keiner so schnell gefährlich werden wie an der Oberfläche. Zudem haben sie im Tunnel weniger Angst um ihre Habseligkeiten als in den Obdachlosenasylen. Außerdem schützt sie der Untergrund vor Wind und Regen. Und trotz der vorbeifahrenden Züge sei es hier immer noch ruhiger als oben auf den vielbefahrenen Straßen.

Im Jahr 1995 räumten Polizei und Feuerwehr den Amtrak-Tunnel gründlich auf. Alle Mole People mussten ihren Unterschlupf verlassen. Ihre selbstgebauten Hütten wurden systematisch zerstört. Seitdem leben kaum noch Menschen im Amtrak-Tunnel, außer einigen wenigen, die nach den Razzien zurückgekehrt sind. Nach wie vor fühlen sie sich hier unten – in der Dunkelheit zwischen verlassenen Gleisen, Bauschutt und Müll – wohler als auf den hell erleuchteten, überfüllten Straßen New Yorks.

Moskau

Schon im 17. Jahrhundert bauten Regenten, Unternehmer, Kaufleute und Mönche im Untergrund von Moskau Lagerhallen und Festungsanlagen. Während des Kalten Krieges kamen unzählige Atomschutzbunker hinzu. Die Standorte der meisten von ihnen sind bis heute streng geheim. Viele Gerüchte kursieren über die Existenz inoffizieller unterirdischer Räume. Der Boden von Moskau ist voller Rätsel.

Unter der Stadt gibt es aber auch eine Welt, die für alle zugänglich ist, in der täglich Millionen von Menschen unterwegs sind. Riesige Kronleuchter, goldfarbener Stuck, glänzender Marmor und bunte Mosaike: Die pompöse Architektur mancher Haltestellen der Moskauer Metro lässt die oft rein funktional gestalteten Stationen der U-Bahnen anderer Städte eher nüchtern und unscheinbar aussehen. Der Weg bis zur Eröffnung der vielleicht schönsten Untergrundbahn der Welt war chaotisch, mühsam und voller Hindernisse.

Am 15. Mai 1935 begann der Tag in Moskau früher als sonst. Bereits um fünf Uhr morgens waren Massen von Menschen unterwegs, denn an diesem Tag öffneten sich erstmals die Türen zur Moskauer Metro. Im Laufe des Tages wurden die Schlangen vor den Stationen immer

Die Station Komsomolskaja der Moskauer Metro.

länger. Bis zum Abend zählten die Mitarbeiter rund 350.000 Fahrgäste. In den folgenden Tagen erhöhte sich die Passagierzahl sogar auf 700.000. Für Moskaus Bewohner war die Eröffnung der Metro vermutlich eine willkommene Abwechslung vom stalinistischen Terror, der zu dieser Zeit in Moskau zum Alltag gehörte.

Schon Wochen zuvor hatten Zeitungen wie die Prawda, die das Parteiorgan der Kommunistischen Partei der Sowjetunion (KPdSU) war, zahlreiche propagandistische Berichte über das Ereignis publiziert. Zum selben Thema wurden Bücher, sogar Gedichte veröffentlicht. Einen Tag vor der Eröffnung fand eine offizielle Festveranstaltung statt, bei der Josef Stalin seine erste öffentliche Rede überhaupt hielt – für gewöhnlich vermied er größere Menschenmassen konsequent. Der damalige Verkehrsminister Lasar Kaganowitsch, der die Bauleitung der Moskauer Metro innehatte, verkündete stolz, dass Moskau im Gegensatz zu den kapitalistischen Städten eine Metro gebaut hat, wo der Mensch sich „wie in einem Palast" fühlt.

Die Moskauer Metro wurde im Jahr 1935 eröffnet. Ihre Ursprünge dagegen reichten schon damals viele Jahrzehnte zurück. Ende des 19. Jahrhunderts war der öffentliche Verkehr in Moskau – bereits damals eine Millionenstadt – völlig überlastet. Statt eines zentralen Durchgangsbahnhofes gab es nur etliche Kopfbahnhöfe, die man vom Stadtzentrum aus mit der elektrischen Straßenbahn oder mit Pferdekutschen und -omnibussen erreichen konnte. Das Verkehrsnetz musste dringend den Anforderungen angepasst werden. Verschiedene Ingenieure trugen Ideen für eine zukünftige Stadt- und Untergrundbahn vor. Doch zur Umsetzung dieser Projekte kam es damals noch nicht: Mal reagierten die Regierenden der Stadt ablehnend, wenn für die Finanzierung ausländische Kapitalgeber mit ins Spiel kamen, mal mischte sich die russisch-orthodoxe Kirche ein, wenn die geplanten Linien unter Kirchen und Kathedralen verliefen. Auch war die Idee, dass der Mensch zur Fortbewegung in den Untergrund hinabsteigen muss, damals für viele noch völlig unvorstellbar.

Zwischen den Jahren 1900 und 1911 hatte sich die Stadtbevölkerung fast verdoppelt. Die Verkehrssituation in Moskau verschlechterte sich zunehmend. Die Straßenbahnen bildeten lange Staus in der Innenstadt. Teilweise mussten die Haltestellen im 30-Sekunden-Takt angefahren werden, um die Fahrgäste aufzunehmen. Langsam setzte in Moskau ein Prozess des Umdenkens ein. Das oberirdische Streckennetz konnten die Stadtplaner nicht mehr erweitern – in den Untergrund zu dringen, schien die einzig umsetzbare Lösung zu sein. Kaum wurden jedoch die Pläne für eine Metro konkret, brach der Erste Weltkrieg aus, gefolgt von der Februarrevolution 1917, mit der die Zarenherrschaft beendet wurde. So galten in Moskau für die kommenden Jahre andere Prioritäten.

In den 1920er Jahren widmete sich die Stadt von Neuem dem Verkehrsproblem. Nach wie vor waren die Straßenbahnen dem Andrang der Fahrgäste nicht gewachsen. Mittlerweile nahm auch in den Vororten der Verkehr stark zu. Ebenfalls fehlte weiterhin eine gute Verbindung zwischen den Kopfbahnhöfen und der Innenstadt. Der Mossowjet (Moskauer Rat) nahm die Pläne für die Untergrundbahn wieder auf und schickte sogar eine Delegation ins Ausland, um Verhandlungen für den Bau einer solchen aufzunehmen. Sowohl die AEG als auch die Siemens-Bauunion machten Angebote, ungelöst blieb dabei jedoch die Frage, wer für die Kosten aufkommen sollte. Neben dem Problem der Finanzierung gab es lautstarke Proteste aus der Arbeiter- und Bauerninspektion. Den Bau einer Untergrundbahn hielten sie für unnötigen Luxus, vor allem, weil es in Moskau zur selben Zeit an anderen Einrichtungen wie Krankenhäusern und Schulen mangelte. Erst zwei Jahre später, als Stalins enger Vertrauter Kaganowitsch zum neuen Parteichef Moskaus ernannt wurde, begann Moskau, das Projekt der Metro zu realisieren. Mittlerweile lebten fast drei Millionen Menschen in der Hauptstadt der Sowjetunion.

Während die Planung der Moskauer Metro sich als langwierig und zäh erwies, prägten Chaos und Hektik die Bauphase. Im Jahr 1931 wurde für das Projekt eigens das Unternehmen Metrostroj gegründet. Von Anfang an standen die Metroplaner unter starkem politischen Druck. Innerhalb von wenigen Jahren mussten sie die Metro unter schwierigsten Voraussetzungen realisieren. Bevor die Planungen des Projektes überhaupt abgeschlossen waren, begannen im Jahr 1931 bereits die Bauarbeiten. Dass die Metroplaner von der Regierung finanziell bestens ausgestattet wurden, machte es nicht leichter: Ohne konkrete Pläne für die einzelnen Bauabschnitte konnten sie den Bedarf an Baumaterial nicht begründen. Die Bestellungen verzögerten sich nicht nur deshalb, sondern häufig auch wegen Lieferengpässen. Zusätzlich ließ die Qualität des Baumaterials oft sehr zu wünschen übrig. In anderen Bereichen hakte es ebenfalls. Anfangs standen den Arbeitern nur simpelste Geräte wie Spitzhacken und Schaufeln zur Verfügung, um die Tunnel zu graben. Zudem mussten sich die Metroplaner ständig mit neuen geologischen Herausforderungen auseinandersetzen, für die sie zunächst keine Lösung parat hatten: Unterirdische Flüsse, unterschiedliche Bodenverhältnisse oder Wasser- und Treibsandeinbrüche behinderten die Arbeiten. Wegen der schlechten technischen Ausrüstung kam es regelmäßig zu Bränden und Unfällen. Mittlerweile waren 16 Monate vergangen, ohne dass die Metrostroj einen erkennbaren Fortschritt bei den Bauarbeiten vorweisen konnte. Sogar die Planungen des Projektes waren nach wie vor nicht abgeschlossen. Enttäuschung machte sich unter allen Beteiligten breit.

1933 kam es zur entscheidenden Wende: Kaganowitsch ordnete unter anderem an, dass die Leitung des Metrostroj gestrafft und die Arbeiter technisch geschult werden müssen. Außerdem setzte die KPdSU Angehörige ihrer Jugendorganisation auf den Baustellen ein. Die jungen und ideologisch überzeugten „Komsomolzen" waren hochmotiviert. Sie ließen sich in ihrem jugendlichen Eifer kaum zurückhalten und sollten bei den restlichen Metrobauern für Disziplin sorgen. Mit insgesamt 10.000 Komsomolzen auf den Baustellen hatte die KPdSU viel mehr Kontrolle als zuvor über das Entstehen der Moskauer Metro. Mittlerweile galt sie als Prestigeobjekt der Stadt mit allen damit verbundenen Vorzügen. Die Bauarbeiten liefen auf Hochtouren. Allein im Jahr 1934 arbeiteten mehr als 70.000 Menschen mit. Unter Parolen wie „Das ganze Land baut die Metro" nahmen an den Subbotniki, den „freiwilligen" Einsätzen an Samstagen, innerhalb der gesamten Bauphase eine halbe Million Menschen teil. Die Arbeitsbedingungen waren extrem hart. Regelmäßig gab es Unfälle. In den offenen Baugruben war es gerade im Winter frostig kalt, in den geschlossenen Schächten dagegen ließen Temperaturen von bis zu 40 Grad die Arbeiter schwitzen.

Das Chaos herrschte bis zum Schluss. Eine besonders peinliche Situation ereignete sich einen Monat vor der Eröffnung, als Stalin spontan eine Probefahrt unternahm: Wegen einer technischen Panne blieb die Bahn mitten auf der Strecke stehen. Es dauerte eine ganze

Weile, bis Stalin und seine Begleiter wieder aussteigen konnten. Berichten zufolge nahm er dieses Missgeschick nicht gerade mit Humor.

Kaganowitsch beschrieb in seiner Eröffnungsrede die Metrostationen als „Paläste für das Volk" und verkündete zugleich: „Jede Metrostation ist etwas Besonderes. Wo sind denn hier, meine Herren Bourgeois, die Kasernen? Wo ist die Vernichtung der Persönlichkeit? Wo ist die Vernichtung der Kreativität? Wo ist die Vernichtung der Kunst?" Kaganowitschs Verspottung der Künstler war weit mehr als ein Geschmacksurteil. Nur ein Jahr nach dieser Rede begann der Große Terror. Bei dieser umfangreichen Verfolgungskampagne wurden rund 1,5 Millionen mutmaßliche Gegner der stalinistischen Herrschaft verhaftet, die Hälfte von ihnen erschossen, die anderen bis auf wenige Ausnahmen in die Lager der Gulags oder in Gefängnisse verbracht. Der Große Terror erfasste zahlreiche Vertreter der Avantgarde, die sich dem aufgezwungenen staatlichen Stil nicht fügen wollten.

Dies ist die Schattenseite der prunkvollen Moskauer Metro. Dennoch lassen sich ihre Stationen bis heute tatsächlich mit Palästen vergleichen. In den riesigen Stationen hängen prächtige Kronleuchter, die Wände sind mit Marmor, Granit, Kalkstein, Rhodonit und vielen anderen Gesteinssorten ausgekleidet. Fasziniert stiegen die Moskauer von der damals eher düster wirkenden Oberfläche der Stadt hinab in eine strahlend leuchtende Unterwelt. Die bekanntesten Architekten und Künstler des Landes hatten jede Station ganz individuell gestaltet. Kaganowitsch legte Wert darauf, dass die Metro nicht nur funktional, sondern vor allem schön war. Sie sollte die Hauptstadt und den Sozialismus angemessen repräsentieren.

Bis zu neun Millionen Menschen nutzen heute täglich die Moskauer Metro. Viele nehmen die Marmorfresken, Bronzeskulpturen, Kronleuchter und Mosaikfenster kaum noch wahr. Dennoch, obwohl nach so vielen Jahrzehnten der unterirdische Prunk zum Alltag gehört, sind die Moskauer stolz auf ihre Metro.

Die erste sowjetische U-Bahnlinie hatte 800 Millionen Rubel gekostet. Mit 13 Stationen war sie mehr als elf Kilometer lang. Und das war erst der Anfang. In den folgenden Jahrzehnten erweiterte die Stadt das U-Bahnnetz um viele weitere Linien. Die Architektur der Haltestellen änderte sich im Laufe der Zeit. Während sie in den 1950er Jahren noch pompöser als zu Beginn gestaltet wurden, wirken sie ab den 1960er Jahren sehr viel schlichter und einheitlicher. In der Regierungszeit von Nikita Chruschtschow hatte der Bau von Wohnungen eine größere Priorität als die Metro. Stationen aus den 1970er Jahren erinnern mit ihren traditionellen Baumaterialien wieder an die Anfangszeit. Dazu gehört die im Jahr 2003 eröffnete Station „Park Pobedy". An den Wänden glänzt brauner und weißer Marmor, der Boden besteht aus grauem und schwarzem Granit. 126 Meter lange Rolltreppen führen in die 85 Meter tief gelegene Haltestelle hinunter. Ihretwegen gehört die Moskauer Metro zu den U-Bahnsystemen mit den tiefsten Tunneln der Welt.

Mittlerweile ist das U-Bahnnetz rund 317 Kilometer lang und verfügt über 190 Stationen. Bis heute sind es vor allem die prunkvollen Stationen aus der Stalin-Ära, für welche die Moskauer Metro so berühmt geworden ist. Jeder Station wurde durch individuelle Gestaltung ein ganz eigenes Aussehen gegeben. In „Kiewskaja" sind 18 Mosaikbilder der Freundschaft zwischen Russland und der Ukraine gewidmet. Bronzeskulpturen unter 40 Kuppelbögen stellen in der Station „Platz der Revolution" idealisierte Helden der Sowjetmacht dar. Die Säulen in den Hallen von „Majakowskaja" sind mit Edelstahl verkleidet. Auf den Mosaikbildern am Gewölbe fliegen Flugzeuge über blühende Bäume hinweg, machen athletische Turner Sportübungen vor einem hellblauen Himmel mit weißen Wolken.

Reiseführer beschreiben die im Jahr 1952 eröffnete „Komsomolskaja" als die schönste aller Stationen. Die Fahrgäste passieren auf dem Weg zum Bahngleis marmorverkleidete Säulen und Rundbögen, prächtige Kronleuchter und vergoldete Reliefs. Die gelben Decken sind mit Stuckarbeiten und Malereien verziert. An den Wänden stellen Monumentalmosaike Szenen aus der russischen Geschichte dar. Der Triumph des gewonnenen Zweiten Weltkrieges spiegelt sich dabei in den Haltestellen aus der Stalin-Ära auf jedem Quadratmeter wider.

Während des Krieges diente die Metro nicht nur als Fortbewegungsmittel, sondern hatte noch eine weitere Funktion: Hier unten konnte sich die Stadtbevölkerung vor den Luftangriffen schützen. Weil die Sowjetunion mit einem deutschen Angriff im Juni 1941 nicht gerechnet hatte, fehlten im ganzen Land Luftschutzräume. Die Regierung hatte nicht einmal für die eigene Sicherheit vorgesorgt. Weil ein Bunker unter dem Kreml noch gebaut werden musste, richtete der Generalstab der Roten Armee in der Station „Kirowskaja" eine Kommandozentrale ein. Hierfür wurden die Durchgänge zwischen den Säulen in der Station versperrt, sodass in der Mitte ein neuer abgeschirmter Raum entstand. Bei den Luftangriffen zogen sich Stalin und seine Militärs hierhin – rund 35 Meter unter die Erde – zurück, wo sie weiter arbeiteten und auch übernachteten.

Gerade noch rechtzeitig vor den ersten deutschen Luftangriffen wurden die übrigen Stationen zu Luftschutzbunkern umfunktioniert. Tagsüber fuhr die U-Bahn regulär weiter. Ab 18 Uhr versteckten sich die Moskauer hier unten bei Fliegeralarm. Betten wurden aufgestellt, Kranke in Metrowaggons medizinisch versorgt. Um vor Gift- und Gasangriffen sicher zu sein, wurden Filteranlagen und hermetisch schließende Türen eingebaut. Die großzügig gebauten Stationen waren ein Glücksfall für die Stadtbewohner. In den riesigen Hallen konnten sich bis zu einer halben Million Menschen verstecken. So verwandelten sich die Paläste nachts in die „Bunker für das Volk".

Seit Jahrzehnten gibt es Spekulationen über geheime Metrolinien unter Moskau. Auslöser war eine Studie, die vom US-amerikanischen Verteidigungsministerium im Jahr 1991 veröffentlicht wurde. Dieser Studie zufolge existieren unter Moskau drei inoffizielle U-Bahnlinien, die unter dem Kreml zusammenlaufen. Dank der neuen Freiheit nach dem Zusammenbruch der Sowjetunion konnten die russischen Medien es wagen, das Thema aufzugreifen. Unter anderem berichtete das Boulevardmagazin „Ogonjok" über das geheime Tunnelsystem und gab ihm den Namen „Metro-2". Abenteurer und Neugierige suchten daraufhin Wege in den Untergrund, um Spuren der geheimen Metro zu finden. Wie die „Kataphilen" von Paris forschen diese sogenannten Digger im Untergrund von Moskau und stoßen dabei regelmäßig auf ominöse Tunnel und Schächte. Solche Entdeckungen scheinen tatsächlich auf die Existenz einer inoffiziellen U-Bahn hinzuweisen. Zu den Fragen, wann sie gebaut wurde, wie groß sie ist und wo genau sie hinführt, gibt es die unterschiedlichsten Theorien. Von offizieller Seite hat sich zu der Existenz dieser Metro bis heute niemand geäußert. So bleibt die Linie vermutlich weiterhin ein großes Geheimnis.

Moskaus Bevölkerung wächst zunehmend. In Zukunft wird sich das voraussichtlich nicht ändern. Die Stadtverwaltung versucht, den Bedürfnissen der vielen Bewohner gerecht zu werden: So gibt es eine große unterirdische Einkaufsstadt bereits seit 1997. Und die Bauarbeiten unter der Erde gehen weiter. Auf einer Gesamtfläche von über einer Million Quadratmeter sollen weitere Einkaufszentren entstehen, ganze Straßenzüge untertunnelt, Parkplätze, Lager und Archive errichtet werden. Bis zum Jahr 2017 will die Stadt das U-Bahnnetz um mehr als 80 Kilometer erweitern. Das klingt utopisch – jedoch nicht unmöglich, wenn man die Geschichte der Moskauer Metro kennt.

4.

ZISTERNEN, KANÄLE, KLOAKEN

Wasser ist Lebenselixier, kann aber auch zur Lebensgefahr werden. Unter Istanbul haben sich bis heute zahlreiche Zisternen und Tunnel aus der Spätantike erhalten. Sie zeugen von den bautechnischen Leistungen, mit denen die Menschen einst Trinkwasser aus weit entfernten Regionen hierher beförderten. Unter Rom liegt eine Kanalisation, von der manche Abschnitte seit 2500 Jahren in Betrieb sind. Sie bildete die nötige Basis, dank der die Stadt sich überhaupt erst zur Metropole entwickeln konnte. Unter Tokio wurde ein Drainagesystem errichtet, dessen Dimension alle Vorstellungen übersteigt. Mit diesem Bauwerk haben sich die Menschen gewappnet – gegen Taifune, die Tokio immer wieder unter Wasser setzen.

Istanbul

Nichts als klares, grün-blaues Wasser. Weder Fische noch Korallen oder Pflanzen. Der Taucher ist ganz allein. Bedächtig gleitet er durch die Finsternis. Nur das kalte Licht seiner Taschenlampe bietet ihm Orientierung, weist ihm den Weg. Plötzlich erscheint wenige Meter vor ihm eine Säule, dahinter folgen weitere. Sie leuchten strahlend weiß, ihre Kapitelle sind mit Voluten und Kreuzsymbolen verziert. Bizarr und unwirklich sehen sie aus, an diesem stillen und dunklen Ort, der so weit entfernt von jeglichem Leben zu sein scheint. Lange betrachtet der Taucher die Säulen. Dann steigt er in die Höhe. Der Raum um ihn wird zu einer Röhre, immer kleiner, immer enger. Der

Taucher macht sich schmal, blickt nach oben, entdeckt endlich Licht am Ende des dunklen Tunnels. Schließlich hat er die Wasseroberfläche erreicht, zieht seine Tauchermaske ab, atmet frische Luft ein, reibt sich die Augen. Hände strecken sich ihm entgegen, ziehen ihn aus dem Wasser. Schließlich sitzt er auf dem Boden. Wasser perlt von seinem Taucheranzug ab, bildet kleine Pfützen auf dem grünen, akkurat gestutzten Rasen. Seine Reise in die Unterwelt hat ein abruptes Ende gefunden. Der Taucher ist zurück an der Oberfläche, im Innenhof des Topkapı-Palastes – im Herzen der Metropole Istanbul.

Eigentlich ist es untertrieben, bei Istanbul lediglich von einer Metropole zu sprechen: Mit rund 14 Millionen Einwohnern gehört die bevölkerungsreichste Stadt der Türkei zu den Megastädten der Welt. Sie erstreckt sich an der europäischen und asiatischen Seite des Bosporus. Der europäische Teil wird nochmals durch das Goldene Horn, eine nach Westen verlaufende Bucht, getrennt.

Der Bosporus bildet den geografischen Mittelpunkt von Istanbul. Möwen flattern kreischend über den Dächern der Stadt und verfolgen die Fähren auf dem Wasser, in der Hoffnung, ein paar Essensreste zu erhaschen. Während mehrmals am Tag Gebetsrufe der Muezzine aus Lautsprechern in den Gassen und Straßen schallen, dringen vom späten Abend bis in die frühen Morgenstunden Techno- und Jazzklänge aus Bars und Kneipen. In Stadtteilen wie Fatih stehen Moscheen neben Kirchen, in modernen Bezirken wie Maslak und Besiktas ballen sich Hochhäuser und Einkaufszentren mit schicken Boutiquen und italienischen Restaurants. Eine der ältesten europäischen U-Bahnen, der im Jahr 1875 eröffnete „Tünel", ist immer noch in Betrieb und fährt auf gerade mal einem halben Kilometer. Der Tunnel „Marmaray" dagegen, ein Milliarden teures Großprojekt, unterquert erst seit kurzem den Bosporus in 60 Metern Tiefe und auf rund 1400 Metern Länge. Tradition und Moderne existieren in Istanbul gleichberechtigt nebeneinander.

Zisterne unter dem Topkapı-Palast.

Aus der Spätantike, in der Istanbul noch Konstantinopel hieß, ist nur wenig übriggeblieben. Viele Relikte fielen im Laufe der Jahrhunderte Erdbeben und Bränden zum Opfer oder wurden überbaut. Dagegen blieben Bauten, die unter der Oberfläche lagen, von diesem Schicksal weitgehend verschont. All diese vergessenen Orte liegen unter dem Altstadtviertel verstreut, dort, wo sich einst das antike Konstantinopel befand. Der Brunnen im Hofe des Topkapı-Palastes ist nur einer von vielen Zugängen zu einem Wasserversorgungssystem, das zu den außergewöhnlichsten Überresten der Römer zählt. Der Taucher gehört zu einem Forschungsteam, das seit Jahren versucht, dieses weitverzweigte unterirdische Labyrinth in seinem tatsächlichen Ausmaß zu erfassen.

Das Projekt der Istanbul Technical University (ITU) wird von der Archäologin Dr. Cigdem Özkan-Aygün geleitet. In den Jahren 2005 und 2009 untersuchten sie und ihr Team den Bereich der ehemaligen Akropolis von Konstantinopel: unter dem Topkapı-Palast, der Hagia Sophia, dem Hippodrom und dem Archäologischen Museum. Während auf Istanbuls Oberfläche archäologische Funde eher selten sind, fanden die Forscher unterirdisch jede Menge antiker Relikte: Zisternen, Wasserleitungen, Tunnel und Brunnen. Allein unter dem Topkapı-Palast liegen mehr als 40 Zisternen, insgesamt werden für die gesamte antike Stadt rund 500 solcher unterirdischen Wasserspeicher vermutet.

Über Schächte und Brunnen – einer von ihnen befindet sich mitten in der Haupthalle der Hagia Sophia – stiegen die Archäologen in das Wasserversorgungssystem. Die Bedingungen waren alles andere als einfach. Weil viele Brunnen bis oben hin mit Wasser gefüllt sind, gehören zum Team auch ausgebildete Taucher und Hydrologen. Manche Tunnel und Wasserleitungen sind so eng, dass die Forscher ein kleines, ferngesteuertes Roboterfahrzeug auf Entdeckungstour schicken mussten, anstatt selbst hineinzugehen. Zudem gewährte die Stadt ein nur sehr kurzes Zeitfenster für die archäologischen Untersuchungen. Trotzdem reichte es aus, um wenigstens einen Abschnitt des Systems gezielt zu untersuchen, dessen Anfänge viele Jahrhunderte zurückliegen.

Am 11. Mai 330 n. Chr. ließ Konstantin der Große eine neue Residenzstadt einweihen und gab ihr seinen eigenen Namen. Nach den vielen Unruhen des 3. Jahrhunderts war ihm wie auch seinen Zeitgenossen längst klar, dass das Römische Reich nicht mehr allein von seinem Zentrum aus regiert werden konnte. Hierbei sollte Konstantinopel Rom nicht als neue Hauptstadt ersetzen, sondern, so wie Trier und Antiochia, einen zusätzlichen Regierungssitz bilden. Hierfür hatte sich Konstantin Byzantion ausgesucht, das verkehrstechnisch sowohl zur See als auch auf dem Landweg gut erreichbar war. Die günstige Mittellage der ursprünglich griechischen Kolonie zwischen West und Ost kannte Konstantin bereits seit seinem Feldzug gegen den römischen Kaiser Licinius, der sich hier einige Zeit verschanzt hatte. Konstantin ließ Byzantion zu einer Residenzstadt ausbauen, die ihrer bedeutenden Rolle entsprechend prächtig und weitläufig gestaltet wurde, mit vielen staatlichen und kaiserlichen Repräsentationsbauten und einer sechsfachen Vergrößerung des ursprünglichen Stadtgebiets. Die umfangreichen Bauarbeiten waren auch zu Konstantins Tod im Jahr 337 noch nicht beendet.

Von Anfang an erlebte Konstantinopel einen raschen Aufschwung. Mit dem berühmten weißen Marmor der Insel Prokonnesos wurde die neue Stadt aufgebaut. Die Bevölkerung versorgte sich mit dem Fischreichtum des Marmara-Meeres und Getreideflotten aus Ägypten. Je mehr Menschen in der Stadt Platz zum Leben hatten, desto mehr spitzte sich jedoch ein Problem zu: Während Konstantinopels Lage in politischer und strategischer Hinsicht nicht hätte besser sein können, verfügte die Stadt kaum über eigene Süßwasserquellen. Bereits die Bewohner des alten Byzantion mussten sich Wasser aus weiter entfernten Regionen im Norden herbeischaffen. Unter Kaiser Hadrian wurde Anfang des 2. Jahrhunderts das erste Aquädukt gebaut, das bis zum Belgrader Wald reichte und von dort Wasser in die Stadt beförderte. Im späten 4. Jahrhundert folgte der Bau einer zweiten Hauptwasserleitung. Das Valens-Aquädukt zählt heute zu den auffallendsten Denkmälern Istanbuls. Zwischen den Hügeln Fatih und Eminönü sind mehr als 900 Meter von dem Bauwerk erhalten geblieben, durch dessen untere Bögen Autos und LKWs auf einer der Hauptverkehrsstraßen der Stadt fahren.

Weil die Bevölkerung Konstantinopels immer größer wurde, reichte das Wasserversorgungssystem bald nicht mehr aus. Gerade in den Sommermonaten mussten die Stadtbewohner ständige Dürreperioden aushalten. Die wenigen Wasserquellen versiegten dann vollständig. In der Spätantike und auch in der darauffolgenden Byzantinischen Zeit wurden viele Zisternen gebaut, offene wie auch unterirdische, um das Wasser in großen Mengen zu sammeln. Von

Zisterne unter der einstigen Akropolis von Konstantinopel.

den Zisternen aus strömte das Wasser über Rohre in die Brunnen der Hofanlagen und Privatpaläste.

Um eine der imposantesten Zisternen Istanbuls zu besuchen, braucht man lediglich ein paar Türkische Lira und etwas Geduld. Die Attraktion liegt unweit von der Hagia Sophia und der Blauen Moschee entfernt. Kleine Imbissstände verbreiten den Duft gerösteter Maronen und Maiskolben. Zahlreiche Besucher warten in einer Schlange vor einem kleinen, unscheinbaren Backsteinhaus. Kaum haben sie das Haus betreten, geht es über Treppen 15 Meter hinab in die Tiefe. Und schon eröffnet sich ihnen ein atemberaubender Anblick: Wie in einer Allee reihen sich Säulen aneinander, scheinbar ins Endlose. 138 Meter Länge und 65 Meter Breite misst die „Cisterna Basilica", auch „Yerebatan Sarnici" genannt. Auf Holzstegen können Besucher diese Zisterne auf ihrer vollen Länge erkunden und werden dabei von den Klängen klassischer Musik begleitet.

Einstmals stand an dieser Stelle auf der Oberfläche eine Basilika, eine kaiserliche Säulenhalle. Während des Nika-Aufstands, einer Volkserhebung im Jahr 532 n. Chr., kamen zahlreiche Menschen ums Leben, ganze Stadtbezirke wurden zerstört. Auch die Säulenhalle lag nach dem verheerenden Aufstand in Ruinen. Kaiser Justinian ließ daraufhin im Rahmen seines ehrgeizigen Bauprogramms auf den übriggebliebenen Unterstrukturen der Basilika eine Zisterne errichten, die für das Palastareal Wasser speichern sollte. Zwischen den ursprünglichen Palastsäulen fügten die Ingenieure viele weitere Säulen hinzu, um das riesige Gewölbe des Wasserspeichers zu stützen. Bis zu 80.000 Kubikmeter kann die Cisterna Basilica fassen.

Heute steht das Wasser kaum einen Meter hoch. Dicke Fische tummeln sich darin; sie werden von den Besuchern offenbar bestens mit Nahrung versorgt. Auch wenn die Anlage als beliebte Attraktion mit Lichtspielen und Musik verfremdet wird, zeigt sie dennoch auf beeindruckende Weise, zu welchen technischen Höchstleistungen die Ingenieure Konstantinopels fähig waren. Die Bewohner Istanbuls nennen die Cisterna Basilica auch den „Versunkenen Palast". Spätestens nach dem Besuch weiß man, warum.

Während die Cisterna Basilica wegen ihrer Dimension und Gestaltung zu den bekanntesten Zisternen überhaupt zählt, gibt es über das restliche Wasserversorgungssystem bislang nur wenige Informationen. Mit über 590 Kilometern Länge bildeten die Leitungen des antiken Konstantinopel gemeinsam die vermutlich längste römische Wasserversorgungslinie überhaupt. Bis nach Thrakien streckten sich von der Stadt die Aquädukte wie Arme aus, um Wasser in das durstige Konstantinopel zu befördern und dort in den Sammelbecken zu speichern. Das System blieb Jahrhunderte lang fast durchgehend in Betrieb, von der Spätantike über die byzantinische Phase bis in die osmanische Zeit.

Zwar erwähnen viele schriftliche Quellen die städtischen Zisternen, sie lokalisieren diese jedoch nicht genauer. Umso notwendiger sind die Untersuchungsergebnisse des Forschungsprojektes der ITU. Über zu wenig Arbeit konnten sich Cigdem Özkan-Aygün und ihr Team bei ihren unterirdischen Erkundungstouren bislang nicht beklagen. Sie erforschten mehrere Zisternen, acht Brunnen unter der Hagia Sophia und insgesamt 1250 Meter Tunnel unter dem Topkapı-Palast – mal in Höhlenausrüstung, mal im Taucheranzug. Einige der entdeckten Orte können die Forscher bislang noch gar nicht einordnen. Dazu zählt ein rätselhafter Raum direkt unter dem Harem des Palastes sowie ein knapp 50 Meter langer, gewölbter Tunnel unter der Vorhalle der Hagia Sophia. Vielleicht gehörte der Tunnel einst zur Vorgängerkirche der Hagia Sophia und wurde später für die Erhöhung des Bodenniveaus überbaut. Vielleicht sollte er auch die Feuchtigkeit in den darüber liegenden Räumen absorbieren.

Nach der Eroberung Konstantinopels im Jahr 1453 blieben die antiken Zisternen und Leitungen weiterhin in Betrieb. Wofür die

Osmanen allerdings das Wasser in den Zisternen nutzten, ist Cigdem Özkan-Aygün nicht ganz klar: Denn eigentlich verbiete es der Islam, Wasser aus stehenden Gewässern zu trinken. Neben solchen Fragen konnten die Archäologen zumindest bereits belegen, dass die vielen Zisternen, Tunnel und Brunnen auf der Akropolis wie ein großes Netzwerk untereinander verbunden waren. Die Legende, der zufolge unter der Hagia Sophia eine überdimensional große Zisterne liege, auf der man mit Booten sogar bis zum Meer fahren könne, ließ sich bislang allerdings nicht bestätigen.

Immer wieder entdeckten die Forscher spätrömische Keramikscherben, vor allem aber Spolien. Das sind aus anderen Bauten stammende, wiederverwendete Bauteile. Um 600 n. Chr. scheinen die Marmorbergwerke auf der Insel Prokonnesos geschlossen worden zu sein, weshalb die Bewohner Konstantinopels für das Stabilisieren der Zisternen fortan Spolien verwendeten. Davon gab es mehr als genug, weil Erdbeben regelmäßig ganze Stadtviertel zerstörten und Ruinen aus Säulen und anderen Bauelementen übrigließen. Zu diesen Spolien zählt auch das Stück eines mit Ornamenten verzierten Sima, eines Dachrandes, der zuvor ein anderes Gebäude dekoriert hatte.

Vor dem Projekt der ITU konnten die Archäologen für Konstantinopel lediglich ein spätantikes Rohr mit Stempelaufdruck nachweisen. Eine magere Ausbeute, wenn man es zum Beispiel mit den 150 antiken Rohren in Rom vergleicht, die der Wissenschaft heute bekannt sind. Erst während der Untersuchungen im Jahr 2005 fanden die Forscher im Areal der Hagia Sophia jede Menge Rohre aus Terrakotta und Blei. Leider wiederholte sich dieser Erfolg bei der zweiten Untersuchung im Jahr 2009 nicht mehr. Vermutlich hatte man die Rohrstücke bei Aufräumarbeiten für unbedeutenden Schutt gehalten und weggeworfen.

Wie in vielen Zisternen steht auch in fünf der acht entdeckten Brunnen das klare Wasser mehrere Meter hoch. Es handelt sich offenbar um Grundwasser, denn die entnommenen Proben ähnelten weder dem Istanbuler Leitungswasser noch dem Regenwasser. Am Boden der bis zu zwölf Meter tiefen Brunnen fanden die Taucher Spuren aus allen Epochen der Stadtgeschichte: Geschirr aus der Zeit des Ersten Weltkrieges, römische Spolien, Keramik- und Amphorenscherben. Verbrannte Holzstücke und Marmorfragmente sind wahrscheinlich von einem der vielen Brände oder Erdbeben übriggeblieben. Solche Katastrophen ereigneten sich im Laufe der Jahrhunderte in regelmäßigen Abständen. So erfasste ein infolge des Nika-Aufstands ausgebrochenes Feuer das Areal der gesamten Altstadt. Aber auch im ganz normalen, friedlichen Alltag kam es zu Bränden, denn wenn in den Häusern während der Wintermonate glühende Kohlebecken die Wohnräume erwärmten, konnte es passieren, dass ein Kohlestück auf den Boden fiel. Schnell entfachte die Glut ein Feuer, das sich zunächst auf die Wohnung, dann auf die unmittelbare Umgebung ausbreitete. Weil die osmanischen Häuser traditionell aus Holz gebaut waren und zudem eng beieinander standen, lagen als Folge solcher Brände ganze Stadtviertel in Schutt und Asche. Aus diesen schlimmen Erfahrungen zogen die Stadtbewohner schließlich Konsequenzen. So schrieben baupolizeiliche Vorschriften fortan größere Abstände zwischen den Häuserreihen vor. Wenn jedoch trotzdem ein Feuer ausbrach, dann kamen die Zisternen ins Spiel. Mit dem Wasser aus den Sammelbecken konnten die Bewohner vielen Bränden ein rasches Ende setzen.

Wasser zum Trinken und zum Feuerlöschen waren nur zwei Gründe, deretwegen das Geflecht aus Hauptleitungen, Rohren und Sammelbecken unter Konstantinopel immer größere Ausmaße annahm. Bei den römischen Heiden, bei den Christen und vor allem bei den Muslimen spielt Wasser in der Religion eine tragende Rolle: Die Reinigung des Körpers mit Wasser ist im Islam ein festgelegtes Gebot. Doch so, wie der Islam den Gläubigen vorgibt, nur fließendes Wasser zu trinken, wird auch allein fließendem Wasser eine

reinigende Kraft zugesprochen. Nachdem die Osmanen Konstantinopel erobert hatten, errichteten die neuen Herren der Stadt
anstelle von Bädern Hamams. Das Stiften solcher Schwitzbäder
glich einer frommen Tat. So entstanden bald rund 400 Hamams,
die sich über die ganze Stadt verteilten. Und vor den vielen
Moscheen ließen die neuen Stadtherren Becken bauen, an denen
sich die Gläubigen mit Wasser, das aus Hähnen sprudelte, vor dem
Beten rituell reinigten.

Wie in jeder römischen Stadt gab es im antiken Konstantinopel einen
großen Bedarf an Bädern und Springbrunnen auf den Innenhöfen
der kaiserlichen Paläste, aber auch auf den öffentlichen Plätzen.
Denn im Gegensatz zu den Häusern der wohlhabenden Bewohner
fehlte in den meisten Stadtwohnungen ein direkter Anschluss an das

In der Cisterna Basilica.

Leitungssystem. Ein Großteil der Bevölkerung deckte seinen Wasserbedarf daher aus den öffentlichen Brunnen.

Weil das Gelände zu den Seeseiten hin sehr steil abfällt – im früheren Konstantinopel noch mehr als im heutigen Istanbul –, wurden manche Gebäude an den Abhängen auf Zisternen gebaut, die beispielsweise den Kirchen ein sicheres Fundament boten und sie vor Erdbeben schützten. Bis zu den meisten dieser Zisternen reichte das Netz des großen Wasserversorgungssystems nicht. Sie sammelten stattdessen Regenwasser.

Die Untersuchungen von Cigdem Özkan-Aygün und ihrem Team zeigen, welche Welten unter Istanbul jahrhundertelang verborgen waren. Dass sie bis auf wenige Ausnahmen wie die Cisterna Basilica völlig versteckt liegen, hat sie vermutlich davor bewahrt, das gleiche Schicksal wie die oberirdischen Denkmäler zu teilen – nämlich gänzlich von der Bildfläche zu verschwinden. Andererseits wird gerade die Unsichtbarkeit diesen Relikten in letzter Zeit immer öfter zum Verhängnis. Denn auf der Oberfläche wird kontinuierlich gebaut, ohne Rücksicht auf das, was wenige Meter tiefer verborgen liegt.

Mit diesen Problemen und Herausforderungen konfrontiert hoffen die Forscher umso mehr, in naher Zukunft dem Untergrund weitere Besuche abstatten zu können. Denn es gibt noch viele offene Fragen zur unterirdischen Wasserversorgung, die geklärt werden müssen. Für unseren Taucher war es hoffentlich nicht der letzte Ausflug im klaren Wasser der Zisterne – vorbei an den Säulen der versunkenen Paläste Istanbuls.

Rom

Rom ist ein einziges Freilichtmuseum. Wer eine Reise in die „Ewige Stadt" unternimmt, wird zwangsläufig über die Spuren der vergangenen Epochen stolpern. Ob Kolosseum, Circus Maximus, Pantheon oder Engelsburg und Forum Romanum – überall im Stadtkern ist die glanzvolle Geschichte Roms bis zurück in die Antike sichtbar. Denn statt Gebäude abzureißen, setzten die Römer neue Häuser neben alte oder bauten diese einfach um. So ist die Vergangenheit zum festen Bestandteil der Oberfläche geworden.

Unter der Erde liegt eine der reichsten archäologischen Fundstätten der Welt. Zeugnisse aller Zeiten türmen sich in Schichten aufeinander. Seit der Antike hat sich das Bodenniveau Roms zunehmend gehoben – an manchen Stellen bis zu 20 Meter. So liegen Fundamente von Tempeln und Wohnhäusern, Theatern und Palästen, Katakomben und Kirchen unter den modernen Straßen verborgen, aber auch Aquädukte, Zisternen und Abwasserkanäle, mit denen die Römer einst sauberes Wasser in ihre Stadt führten und schmutziges Wasser von ihr wegleiteten. Rom ruht auf den Überresten technisch perfektionierter Bauten.

Sechs Meter unter dem Forum Romanum befindet sich das älteste Bauwerk Roms. Nirgendwo in der Stadt ist der Geruch so ekelerregend wie in der Cloaca Maxima. Vergangenheit und Gegenwart treffen hier unmittelbar zusammen: Urin, Schlamm, Müll und Rattenkadaver vermischen sich zu einer stinkenden Brühe, in der zerbrochene Bierflaschen und Plastikbecher neben jahrtausendealten Amphorenscherben und Bruchstücken von Marmorstatuen schwimmen. Denn einige Abschnitte des antiken Abflusskanals sind seit 2500 Jahren ununterbrochen in Betrieb.

Während Touristen sich niemals in die Kloake verirren würden, gibt es in Rom Menschen, die fasziniert immer wieder diesen zum

Himmel stinkenden Ort aufsuchen. Wie in Berlin, Neapel und einigen anderen Großstädten widmet sich seit über zehn Jahren ein Verein speziell dem Untergrund von Rom. Zum Team von „Roma Sotterranea" gehören Geologen, Archäologen, Architekten und Menschen aus vielen anderen Berufsfeldern. Gerade weil in einer Stadt wie dieser ständig die Gefahr besteht, bei der archäologischen Untersuchung eines bestimmten Zeitraums die Relikte einer anderen Epoche zu zerstören, arbeitet der Verein eng mit der Denkmalbehörde zusammen. Die Bauwerke und Objekte, deren Geheimnisse die Untergrundforscher zu lüften versuchen, liegen in der ganzen Stadt verstreut. Oft sind sie nur sehr schwer zugänglich oder eben alles andere als wohlriechend. Doch gerade Abwasserkanäle wie die Cloaca Maxima geben den Forschern wichtige Erkenntnisse darüber, wie das Römische Reich so mächtig werden konnte.

Könnten wir an den Ufern des Tiber eine Zeitreise in das 7. Jahrhundert v. Chr. unternehmen, würden wir uns vermutlich schnell wieder zurückwünschen. Von Rom war damals weit und breit noch keine Spur. Statt zwischen prächtigen Gebäuden und Straßen wären wir mitten in einem Sumpfgebiet gelandet. Feste und fruchtbare Böden gab es lediglich auf den Hügeln. Hier lebten die Menschen in vereinzelten Siedlungen, möglichst weit entfernt zu den sumpfigen, von Mücken verseuchten Tälern, die immer wieder vom Hochwasser des Tiber überflutet wurden. Doch anstatt sich eine wohnlichere Gegend zu suchen, blieben die Siedler und fingen an, den Boden der Täler aufzuschütten und auf diese Weise zu erhöhen. Gleichzeitig legten sie einen offenen Graben an, mithilfe dessen sie die Sümpfe entwässerten. Durch diesen Kanal, der später zur Cloaca Maxima werden sollte, wurde das Sumpfwasser in den Tiber geleitet. Auf diese Weise gelang es den Menschen, einen Großteil des Gebietes erfolgreich trockenzulegen. Die vereinzelten Siedlungen dehnten sich aus und verschmolzen letztendlich miteinander zum späteren Rom. Um mehr

Das älteste Bauwerk Roms ist die Cloaca Maxima.

bebaubare Fläche zu gewinnen, überdachten die Bewohner irgendwann den offenen Graben. Die Decke des nun unterirdischen Kanals stützten sie mit Bögen ab und isolierten die Wände mit „opus signinum", einem undurchlässigen Gemisch aus Kalk und Tonscherben. Seit jener Zeit liegt der Kanal verborgen unter der Erde. Erst durch den Bau der Cloaca Maxima entstand eine genügend große Fläche, auf der Rom wachsen und sich ausdehnen konnte.

Im Laufe der Jahrhunderte formte sich unter der Stadt ein ständig wachsendes Netz aus Kanälen, die in die Cloaca Maxima mündeten. Im größten Abwasserkanal von allen landete nicht nur Sumpfwasser, sondern auch der Abfall der Stadtbewohner und der Inhalt aus den Latrinen. Jedoch reichten die Kanäle nicht bis zu jedem Wohnhaus. Nur die privilegiertesten Einwohner konnten sich einen privaten Abort leisten. Alle anderen Römer mussten mit den öffentlichen Latrinen Vorlieb nehmen. So schlimm fanden sie das aber bestimmt nicht: Die

Gemeinschaftstoiletten waren angenehme Orte, manche von ihnen ausgestattet mit Skulpturen, Springbrunnen und Malereien an den Wänden. In die steinernen Sitzbänke waren Löcher eingelassen, unter diesen verliefen die Abwasserkanäle und spülten die Fäkalien direkt weiter. Die Römer kamen gern hierher, machten es sich auf den Bänken gemütlich und plauderten mit ihren Sitznachbarn, während sie ihr Geschäft verrichteten. Weil man jedoch eine Benutzungsgebühr zahlen musste, konnten sich die untersten Bevölkerungsschichten nicht einmal den Besuch einer öffentlichen Latrine leisten. Ihnen blieb nur noch die „Sitzung" auf einer Amphore übrig. Wenigstens kauften die Gerber ihnen ihren Urin für die Lederverarbeitung gern ab.

Neben der Cloaca Maxima errichteten die Römer weitere Bauwerke, die für die florierende Stadt von essenzieller Bedeutung waren. Denn im Laufe der Zeit zogen immer mehr Menschen nach Rom, hofften hier auf ein besseres Leben. Mit der Bevölkerungszunahme stieg auch der Bedarf an Trinkwasser. Doch die Frage war: Woher nur so viel sauberes Wasser kriegen?

Appius Claudius Caecus, der um die Wende vom 4. ins 3. Jahrhundert v. Chr. lebte, fand die entscheidende Lösung für das Trinkwasserproblem. Während seiner Amtszeit setzte der Zensor mehrere Großprojekte um, zum Beispiel die nach ihm benannte Via Appia. Die Straße verband Rom mit Capua und war fast 200 Kilometer lang – ein Vorhaben, das die Stadt viele Millionen Sesterzen kostete. Heute zählt sie zu den bekanntesten Straßen der Antike. Appius ging aber noch mit einem weiteren Projekt in die Geschichte ein: Er ließ die erste Fernwasserleitung Roms bauen. 16 Kilometer lang sollte sie werden und die Stadt pro Tag mit bis zu 73.000 Kubikmeter Wasser versorgen. In einem unterirdischen Kanal erreichte sie Rom an der Stelle der heutigen Porta Maggiore und verlief über den Caelius und Aventin zum Forum Boarium.

Appius war nicht der geniale Erfinder des Aquädukts gewesen. Doch das, was der Zensor in Rom eingeführt hatte, war der Beginn einer Wasserzufuhr in einer derart großen Dimension, wie sie die Welt noch nicht gesehen hatte. Nur mit ausreichend Wasser konnte Rom wachsen und zum Mittelpunkt eines riesigen Imperiums werden.

Auf den Bau der Aqua Appia folgten weitere Bauwerke zur Wasserversorgung, die in den folgenden Jahrhunderten zunehmend größer und ausgefeilter werden sollten. Im 4. Jahrhundert n. Chr. gab es elf Aquädukte in Rom, die täglich Millionen Liter Wasser in die Stadt transportierten. Die Römer schafften es, mit einfachsten Vermessungsgeräten viele Kilometer lange Leitungen zu bauen, die ein sehr geringes Gefälle hatten. Die meisten Abschnitte verliefen unterirdisch. Nur wenn die Fernwasserleitungen Täler überwinden mussten, wurden eindrucksvolle Bogenbrücken mit bis zu 50 Metern Höhe errichtet. Wenn Berge den geplanten Trassen im Weg standen, wurden diese einfach untertunnelt. In Rom angekommen, landete das Wasser in großen Sammelbecken und wurde von hier in die verschiedenen Stadtviertel geleitet.

Die Römer hatten ihre Bautechnik so perfektioniert, dass eines der antiken Aquädukte sogar bis heute funktioniert: Die Aqua Virgo, 19 v. Chr. von Marcus Agrippa während der Regierungszeit von Kaiser Augustus erbaut, versorgt unter anderem den Trevi-Brunnen und den Vierströmebrunnen auf der Piazza Navona. Die Mitglieder von Roma Sotterranea sind auch bereits in dieses verborgene Bauwerk hinabgestiegen, um dessen genaue Lage zu bestimmen. Eine jahrhundertealte Wendeltreppe führt direkt hinunter in das aus massivem Gestein gebaute Aquädukt.

Abgesehen von den Bauwerken, mit denen Wasser gesammelt, geleitet und weggeschleust wurde, hat Rom unterirdisch noch viel mehr zu bieten: Katakomben und Höhlen, aber auch Überreste von Häusern und Villen. Bei diesen Fundstätten zeigt sich immer wieder eindrucksvoll, welche bautechnischen Leistungen die Römer vollbrachten –

indem sie beispielsweise die Sockel von alten Häusern geschickt zu Fundamenten neuer Gebäude umfunktionierten.

Auf diese Weise komprimierte Geschichte spiegelt sich unter der Basilika San Clemente wider, eine der am besten erhaltenen archäologischen Stätten in Rom. Auf mehreren Ebenen ist ein komplexes Labyrinth mit Räumen aus den unterschiedlichsten Epochen verteilt. Unter der oberirdischen, mittelalterlichen Basilika beginnt die Zeitreise in eine Kirche aus dem 5. Jahrhundert, die wiederum auf den Fundamenten eines 400 Jahre älteren Wohnhauses gebaut wurde. Die Archäologen fanden darin Räume, die einem Mithräum angehörten, dem Tempel des Mithraskultes. Vermutlich kamen an diesem Ort einst die Jünger des Kultes zusammen, erhielten Unterricht und wurden schließlich bei feierlichen Zeremonien als neue Anhänger aufgenommen.

Eine jahrhundertealte Wendeltreppe führt zum Aquädukt Aqua Virgo.

Die monotheistische Religion des Mithraskultes richtete sich an einen exklusiven Kreis von Eingeweihten. In Höhlen, Grotten und an anderen unterirdischen Orten unterzogen sie sich verschiedenen Riten. Die Bräuche dieses ursprünglich aus dem Gebiet des heutigen Iran stammenden Kultes waren streng geheim. Man weiß aber, dass unter anderem rituelle Waschungen und Stieropfer dazu gehörten. Die Anhänger tranken berauschende Getränke und nahmen an Banketten teil – in den düsteren, nur von Fackeln und Kerzen beleuchteten Mithräen.

Wie im Falle der Basilika San Clemente gelang es den Römern, das einst weitläufige Gebiet der Domus Aurea, eines der legendärsten Bauten von Rom, mithilfe ihrer ausgefeilten Bautechnik sinnvoll umzufunktionieren. Kaiser Nero ließ sich nach dem großen Brand von Rom einen neuen Palast errichten, der eines „Menschen würdig" sein sollte. Dabei stellte er sich eine Residenz in derart großen Ausmaßen vor, dass die Kosten für den Bau die Staatskasse auf Jahre hinaus belasteten.

Der Palast spiegelte in allen Facetten den Größenwahn des Bauherrn wider. So wird in den Quellen von einem Eingangsraum berichtet, in den eine 35 Meter hohe Kolossalstatue von Nero hineinpasste. Es gab Säulenhallen, die mehr als drei Kilometer lang waren, Villen und Parkanlagen, Wälder und Weinberge. Elfenbein, leuchtende Edelsteine und Gold, wohin man blickte. Die Decke des runden Hauptspeisesaals drehte sich Tag und Nacht wie das Weltall. Blumen wurden von oben auf die Gäste gestreut. Das gesamte Palastareal erstreckte sich vom Palatin bis zum Esquilin. Zufrieden bemerkte Nero, dass er jetzt endlich anfange, wie ein Mensch zu wohnen. Was mit der Anlage nach Neros Tod geschah, ist im Einzelnen nicht bekannt. Vermutlich konnte der Bau der Domus Aurea nicht einmal vollendet werden.

Heute ist von der einstigen Pracht kaum noch etwas zu sehen. Die Reste des Palastes liegen unter den Trajansthermen begraben, nur einige Abschnitte sind für Besucher geöffnet. Schwer vorzustellen, wie prunkvoll und mit welch raffinierten technischen Vorrichtungen die heute düsteren und kahlen Räume eingerichtet waren. Lediglich von den aufwendigen Fresken an den Wänden sind noch einige wenige Ausschnitte erhalten geblieben.

Unzählige Fundstätten, die heute im Untergrund Roms liegen, befanden sich einst am Tageslicht. Es existieren aber auch Räume, die von Anfang an in ewiger Dunkelheit lagen. Dazu gehören mehr als 30 Katakomben.

Bis in das 2. Jahrhundert n. Chr. wurden in Rom die Toten überwiegend verbrannt. Danach begann sich allmählich die Körperbestattung durchzusetzen. Doch für die neuen Gräber brauchte man viel Platz – etwas, das es in großen Städten nur selten gibt. In Rom waren die Bodenverhältnisse ideal, um in die Tiefe zu graben: Weil die Stadt zwischen erloschenen Vulkanen liegt, hatten sich in dieser Gegend während der früheren Eruptionen große Mengen von Tuffstein abgelagert. Wie in Neapel bauten die Stadtbewohner Roms den leichten, gleichzeitig äußerst stabilen Tuff ab, sodass im Laufe der Zeit immer mehr unterirdische Steinbrüche entstanden. Diese Räume ließen sie nach dem Ende des Tuffsteinabbaus nicht ungenutzt, sondern fingen an, sie als Begräbnisstätten einzurichten. Auch die Christen, deren Gemeinde in Rom mit der Zeit größer wurde, bestatteten ihre Toten unverbrannt. Dennoch waren sie nicht die ersten, die unterirdische Räume als Begräbnisstätten nutzten. Und sie dienten ihnen auch nicht als Zufluchtsorte. Stattdessen bestatteten sie hier ihre Toten, verehrten ihre Märtyrer und beteten.

Die Nutzung der Katakomben als Friedhöfe passte zu den Vorstellungen des Christentums. Denn während die römische Oberschicht ihre Toten ganz anders bestattete als die unteren Bevölkerungsschichten – die einen in monumentalen, möglichst prunkvollen Familiengrabstätten, die anderen in Massengräbern –, ließ die christliche Auffassung von der Gleichheit aller im Tode eine solche Differenzierung nicht zu. Das Gemeinschaftsgefühl der Christen spiegelte sich eben auch in der gemeinsamen Bestattung in den Katakomben wider. So waren die Katakomben zwar heidnischen Ursprungs, doch in der Zukunft wurden sie vor allem von den Christen genutzt.

Für die unterirdischen Gräber hauten Männer mit Hacken und Schaufeln ein weitverzweigtes System aus Gängen in den weichen Tuffstein und Nischen in deren Wände. Dort wurden die Toten hineingelegt und eingemauert. Neue Katakomben legten die sogenannten „fossores" entweder als einen Gang mit Verzweigungen oder als zwei miteinander verbundene Gänge an. Je größer Rom wurde, desto mehr Tote mussten begraben werden. Und so wuchsen die unterirdischen Totenstädte, bis sie im Laufe der Zeit oftmals mehrere Etagen erreichten.

Nach dem Fall des Römischen Reiches wurden die Katakomben als Begräbnisstätten nach und nach aufgegeben. Die Kirchenväter ließen die Gebeine größtenteils in die Kirchen Roms überführen und die Zugänge füllen. Bald waren die Katakomben vergessen.

Erst im 19. Jahrhundert begannen Forscher, die unterirdischen Begräbnisstätten zu untersuchen. Neben Mosaiken fanden sie vor allem Fresken und Graffiti an den Wänden. Zu den besonderen unterirdischen Begräbnisstätten von Rom zählen die Katakomben unter der Pilgerkirche San Sebastiano fuori le mura an der Via Appia Antica. Auf vier Etagen erstrecken sich die Räume unter der Kirche und bergen drei frühchristliche Grabbauten aus dem 1. Jahrhundert n. Chr. Im Altertum hießen sie „ad catacumbas". Übersetzt heißt das „in der Talsenke". Daraus leitete sich der Name „Katakombe" ab, der erst ab dem Mittelalter zur gängigen Bezeichnung von unterirdischen Friedhöfen wurde.

Doch zurück zum Geheimnis von Roms Größe. Nachdem der Bau der Aquädukte dem chronischen Wassermangel der Stadt ein Ende gesetzt hatte, lebten die Römer fortan im puren Wasserluxus. Tag und Nacht plätscherte das Wasser in den Kanälen und den vielen Brunnen. Reiche Villenbewohner ließen sich das Nass sogar direkt in ihre Gartenteiche und Nymphäen leiten. Es gab so viel Wasser, dass die Stadt bald riesige Thermenanlagen bauen konnte.

So ordnete 25 v. Chr. der römische Feldherr und Politiker Marcus Vipsanius Agrippa an, die erste große öffentliche Badeanstalt auf dem Marsfeld zu errichten. Viele weitere Kaiser wie Nero, Titus, Domitian und Trajan taten es ihm mit dem Bau weiterer Badeanstalten gleich. Dabei ging es schon lange nicht mehr *nur* um den Badespaß: In den Thermen standen Bibliotheken, wurden Parks angelegt. Die Badegäste nahmen an gymnastischen Übungen und Spielen teil. Verkäufer boten ihnen Wein, Kuchen und deftige Speisen an. Die öffentlichen Bäder hatten sich für das Volk zu wichtigen sozialen Treffpunkten entwickelt.

Die Thermen verbrauchten täglich unvorstellbare Wassermengen. Eine der größten Zisternen der Antike, die Sette Sale, liegt noch heute unter dem Oppius. Früher versorgte sie die vielen Brunnen und Becken der Trajansthermen und konnte insgesamt über acht Millionen Liter Wasser speichern. Nur die Frontseite der Zisterne ist an der Oberfläche sichtbar, der übrige Bau liegt eingelassen in eine Vertiefung des Geländes. Die gewaltige Anlage besteht aus neun parallel nebeneinander aufgebauten Sälen. Durch Bogenöffnungen sind sie miteinander verbunden. Die Wände der langen Galerien verputzten die Römer mit dem wasserundurchlässigen „opus signinum". Bis zum 5. Jahrhundert n. Chr. blieb die Zisterne in Betrieb.

Zwar besaßen die meisten römischen Häuser keine Verbindung zum Wasserversorgungssystem – dennoch spielte vor allem in den römischen Prachtvillen Wasser eine besondere Rolle bei der Präsentation von Luxus und Reichtum. Dem Mythos zufolge wachten Nymphen über das klare Wasser der Quellen und Brunnen. Deshalb wurden oft an solchen Orten Kultstätten für die Naturgeister gebaut. In der

Großstadt verloren die Nymphäen ihren religiösen Charakter. Die Römer verwandelten sie zu Orten des profanen Vergnügens.

Mehrere Nymphäen liegen heute unter Roms Oberfläche, eines davon in der Nähe des Kolosseums. Der Raum wurde am Ende des 19. Jahrhunderts zufällig während Bauarbeiten entdeckt. Eine Wendeltreppe führt hinab zum Nymphäum, das einst das Kernstück einer an dieser Stelle liegenden römischen Villa bildete. Noch heute ist der große Saal mit Bimsstein und Stuck verziert. Er besteht aus mehreren Nischen, in denen die Archäologen Fragmente von Statuen fanden, und einem schönen Becken, aus dem damals klares Wasser sprudelte.

Weil auf der Oberfläche Roms so viele Spuren aus früheren Epochen überdauert haben, gingen die Forscher zunächst wählerisch vor und hofften auf spektakuläre Entdeckungen, statt auch die kleinen Funde sorgfältig zu untersuchen. Es gehört zum einzigartigen Charakter dieser Metropole, dass die Archäologen nicht nach den Überresten der Vergangenheit suchen müssen, sondern zu entscheiden haben, wo sie bei dem Überfluss an Funden mit ihrer Arbeit zuerst beginnen. Mit dem Untergrund der Ewigen Stadt, der von den Archäologen lange Zeit vernachlässigt wurde, verhält es sich nicht anders. Der ganze Boden Roms besteht aus Erinnerungen. So wird es wohl auch in Zukunft an Entdeckungen nicht mangeln.

Tokio

Immerhin hat man etwas mehr Platz als in einem Sarg: Die Zimmer der Capsule Hotels sind etwa 2 mal 1,50 Meter groß und 1,50 Meter hoch. Sie liegen in zwei Reihen übereinander, ihre Türen erinnern an solche von Waschmaschinen. Wer sich ein paar Stunden zwischen Geschäftsterminen ausruhen will oder nach Feierabend die letzte

U-Bahn verpasst hat, mietet sich ein Zimmer im Capsule Hotel. Das ist in der Metropole Tokio, die gemeinsam mit den drei Millionenstädten Yokohama, Kawasaki und Saitama die größte Metropolregion der Welt bildet, ganz normal. Nirgendwo müssen sich so viele Menschen so wenig Raum teilen wie hier. Die Zahlen sind schwindelerregend hoch: Allein im Kernbereich von Tokio leben über acht Millionen, in der Metropolregion sogar mehr als 36 Millionen Einwohner.

Bei einer Bevölkerungsdichte von 2744 Einwohnern pro Quadratkilometer sind nicht nur die Capsule Hotels eine willkommene und sinnvolle Erfindung. Auch jede andere innovative Idee, die auf effektive Weise Platz spart, wird in Tokio schnell umgesetzt. Eine der größten Herausforderungen für die japanische Hauptstadt ist es, auf wenig Fläche möglichst viel Raum zu gewinnen. In den letzten Jahrzehnten ist die Stadt deshalb stark in die Höhe gewachsen – und in die Tiefe. Denn während Wolkenkratzer mit blinkender und überdimensionaler Neonwerbung an sämtlichen Fronten das Stadtzentrum prägen, ist der Raum im Untergrund kaum weniger belebt, wird ebenso intensiv genutzt. Tausende von Kilometern Rohre für Elektrizität, für Telekommunikation, Trink- sowie Abwasser wurden unter Tokio verlegt. Mehrstöckige Straßentunnel durchkämmen in bis zu 40 Metern Tiefe den Untergrund der Metropole. Durchschnittlich über sieben Millionen Menschen fahren täglich mit der U-Bahn zu ihrer Arbeit und wieder nach Hause. Manche Stationen liegen inmitten riesiger unterirdischer Einkaufskomplexe mit Restaurants und Geschäften. Doch Tokios Unterwelt besteht aus noch viel mehr: Seit wenigen Jahren existiert hier in 50 Metern Tiefe das größte Drainagesystem der Welt. Es wurde geschaffen, um Tokio im Ernstfall zu retten. Denn seit Beginn ihrer Geschichte drohen Erdbeben und Überflutungen die Stadt zu zerstören.

Edo, das spätere Tokio, war im 18. Jahrhundert mit über einer Million Einwohnern die größte Stadt der Welt – viel größer als beispiels-

Leitungsrohr unter Tokio für Wasser, Telefon und Elektrizität.

weise London, wo zur selben Zeit weit weniger als eine Million Menschen lebten. Zeitgenössische Farbholzschnitte zeigen große Straßen mit gehobenen Geschäften zwischen Tempeln und Schreinen, elegant geschwungene Brücken über Kanälen, die sich wie ein Netz über ganz Edo ausdehnten. Die Stadtbewohner nutzten sie als Wasserwege, transportierten in Booten Lebensmittel und andere Güter und natürlich sich selbst in die verschiedenen Stadtteile.

Die pittoresken Szenen auf den Holzschnitten spiegeln nur eine Seite der Stadt wider, denn hinter den prachtvollen Hauptstraßen mussten die ärmeren Menschen mit den engeren Gassen Vorlieb nehmen. Hier war es dunkel, die Luft staubig und schwer von fauligen Gerüchen. Die Menschen benutzten öffentliche Latrinen und wohnten in armseligen, eng beieinander stehenden Holzhütten, die Großbränden leicht zum Opfer fielen. Und das passierte nicht selten: Wegen des trockenen Klimas brachen in Edo vor allem im Frühjahr regelmäßig Feuer aus. Bei einem der schlimmsten Großbrände im

17. Jahrhundert starben schätzungsweise rund 100.000 Menschen. Es ist das Schicksal von Tokio, immer wieder von solchen Katastrophen heimgesucht zu werden.

Tokio wandelt sich heute rasant. Durchschnittlich existieren die meisten Gebäude in der Stadt gerade einmal 25 Jahre, bevor sie wieder abgerissen und durch neue Häuser ersetzt werden. Ein Spaziergang durch die Kernstadt wirkt auf viele Besucher von außerhalb wie eine Reise in die Zukunft. Überall stehen Automaten, an denen man viel mehr als Dosengetränke oder Süßigkeiten kaufen kann: Eintöpfe, Gemüse, Bücher und Magazine. Selbst Unterwäsche und Krawatten gibt es im Angebot. In vielen Noodle Shops ersetzen Automaten sogar den Kellner. Sie informieren die Gäste nicht nur darüber, ob es noch freie Plätze gibt, sondern nehmen auch gleichzeitig ihre Bestellung auf. Geschäfte, Restaurants und Diskotheken sind oft 24 Stunden lang geöffnet. Egal, wonach einem der Sinn steht – in Tokio werden alle Bedürfnisse rund um die Uhr befriedigt.

Vor allem, wenn es darum geht, wenig Raum auf der Oberfläche wie auch im Untergrund möglichst effizient zu nutzen, ist die Megastadt heute vielen anderen Metropolen an technischen Innovationen weit voraus. Fahrräder werden nicht am Straßenrand abgestellt, sondern in Schleusen geschoben. Von dort aus werden sie wiederum in elf Meter Tiefe hinunterbefördert. In einem der unterirdischen Rohre haben auf engstem Raum rund 200 Fahrräder Platz. Für Autos gibt es ebenfalls solche vollautomatisierten Parkplätze unter der Oberfläche.

Doch das ist nur ein sehr kleiner Bereich der Unterwelt: Am häufigsten wird die Metro genutzt. Für die Bewohner von Tokio ist sie das wichtigste Verkehrsmittel überhaupt. Mit jährlich drei Milliarden Fahrgästen gilt sie als das am stärksten in Anspruch genommene U-Bahnsystem der Welt. Umso beeindruckender ist es, dass sie gleichzeitig auch noch zu den besonders sicheren, gut gewarteten sowie pünktlichen Untergrundbahnen zählt. Mit seltenen Ausnahmen wird der Fahrplan stets auf die Minute genau eingehalten – selbst während der Hauptverkehrszeiten, wenn sich so viele Menschen in die Waggons drängen, dass Mitarbeiter der U-Bahn mit weißen Handschuhen die Fahrgäste höflich, dennoch bestimmt hineinpressen, damit sich die Türen schließen können. Allein durch die Shinjuku Station bewegen sich täglich rund zwei Millionen Menschen, denn wer vom Zentrum aus in die westlichen Vororte fahren will, muss zwangsläufig diesen Bahnhof passieren. Mit mehr als 50 Eingängen, Designer-Boutiquen, Noodle Shops und Ruheräumen ist die Shinjuku Station ein selbstständiger, kleiner unterirdischer Kosmos.

Einzigartig ist Tokio, weil trotz der hohen Bevölkerungszahl und dem offensichtlichen Platzmangel ober- wie unterirdisch alles auffallend gut organisiert und geordnet ist. Manch einem scheint das Gedränge in London oder Paris viel größer zu sein als hier, wo selbst inmitten der Menschenmassen selten jemand angerempelt wird.

Während man heute das Gefühl hat, in Tokio einen Eindruck davon zu erhalten, wie die Zukunft aller Großstädte eines Tages aussehen wird, hinkte die Stadt lange Zeit den technischen Errungenschaften anderer Metropolen weit hinterher. So wurde die erste U-Bahnlinie vergleichsweise spät eröffnet, erst im Jahr 1927. Auch in anderer Hinsicht ist die Geschichte der heute sehr ausgefeilten unterirdischen Infrastruktur jung. So lebten die Bewohner im Edo des 18. Jahrhunderts noch ganz ohne ein Abwassersystem. Dass sie trotzdem bei erstaunlich guter Gesundheit blieben, lag an einer verblüffend simplen Praxis: Die Stadtbewohner verkauften ihre Exkremente an Bauern, die Düngemittel für ihre Felder brauchten. Weil immer mehr Menschen nach Edo zogen und die Stadtgrenzen sich zunehmend vom Zentrum entfernten, lohnte sich dieses Geschäft für die Bauern jedoch bald nicht mehr: Die Entfernungen zu ihren Höfen waren einfach zu groß. Im 19. Jahrhundert erreichte dieses Problem seinen Höhepunkt. Jetzt gab es Menschen, die von den Bewohnern eigens dafür bezahlt wurden, deren Fäkalien aus der Stadt zu fahren. Die vollbeladenen Karren bildeten regelmäßig abendliche Verkehrsstaus.

Wer es sich nicht leisten konnte, seine Exkremente auf diese Weise loszuwerden, entsorgte sie irgendwo heimlich in der Nacht. Trübe Abwässer vermischten sich mit dem Wasser in den öffentlichen Brunnen. Choleraepidemien breiteten sich aus. In Tokio muss es wie in einem gigantischen Klärwerk gerochen haben. Die von den Vereinigten Staaten erzwungene Öffnung Japans gegenüber den westlichen Staaten hatte zumindest hinsichtlich des Abwasserproblems positive Folgen: Mit Großstädten wie Paris als Vorbild ließen die Stadtregenten im Jahr 1886 die erste flächendeckende Kanalisation bauen. Andere westliche Techniken wurden ebenfalls während dieser Ära in Tokio übernommen. Im Jahr 1870 beispielsweise begannen die Bauarbeiten an der ersten Eisenbahnlinie.

50 Meter unter Tokio liegt das größte Drainagesystem der Welt.

Heute hat Tokio hinsichtlich technischer Innovationen andere Metropolen nicht nur aufgeholt, sondern längst überholt. Das Gleiche gilt für die unterirdische Infrastruktur. Je größer heute die Stadt unter der Stadt jedoch wird, desto mehr kann sie für die Bewohner zur tödlichen Gefahr werden. In den Monaten der Regenzeit fegen Taifune mit oft mehr als 200 Kilometern pro Stunde über Japan hinweg. Dann kommt es in Tokio regelmäßig zu Überflutungen. In kürzester Zeit steht das Wasser in den Straßen kniehoch und bahnt sich seinen Weg über Treppeneingänge hinunter in die U-Bahntunnel, Einkaufskomplexe, Bahnhöfe und Parkplätze. Experten befürchten, dass wegen des Klimawandels in Zukunft noch viel mehr Taifune das Leben der Menschen in Tokio gefährden und ganze Stadtteile unter Wasser setzen könnten. Schon in der Vergangenheit wurde die Stadt infolge von heftigen Regenfällen in manch einem Jahr bis zu zehnmal großflächig überschwemmt.

Erst vor kurzer Zeit hat Tokio ein Bauprojekt vollendet, das die Stadtbewohner in Zukunft vor starken Überflutungen schützen soll. Unter dem Großraum der Megastadt liegt das bislang weltweit größte Entwässerungs- und Kanalisationssystem. Während der Trockenzeit können Touristen die sogenannten G-Cans – fünf riesige unterirdische Hohlräume, 65 Meter lang, 32 Meter breit und untereinander mit über 60 Kilometer langen Tunneln verbunden – im Rahmen von geführten Touren besuchen. Zwischen den Betonsäulen der überdimensionalen Hallen wirken die Menschen verschwindend klein, kaum größer als Ameisen. Unvorstellbar, wie dieser Raum wohl im „gefüllten" Zustand aussehen muss. Bilden sich über Tokio wieder einmal sturzflutartige Regenfälle, wird das Wasser auf den Straßen 50 Meter hinunter in die Tiefe geleitet und in diesen unterirdischen Hallen gesammelt. Trotz ihrer gigantischen Größe können die Sammelbecken infolge eines besonders starken Taifuns schnell bis an den Rand gefüllt sein und ihre maximale Kapazität erreichen. Deshalb befördern Pumpen mit einer Gesamtleistung von rund

13.500 PS das Wasser aus den G-Cans sofort weiter in den Fluss Edogawa, der in den Pazifik mündet. Auf diese Weise können 200 Tonnen Wasser pro Sekunde aus der Stadt abgeleitet werden.

15 Jahre dauerten die Bauarbeiten, um das Großprojekt zu vollenden – es kostete mehr als zwei Milliarden Euro.

Tokio liegt in einer der aktivsten seismischen Zonen der Welt. Und so sind es nicht nur Taifune, sondern auch Erdbeben, die in der Stadt immer wieder zu Ausnahmesituationen führen.

Das bislang folgenreichste Erdbeben ereignete sich am 1. September 1923. In Tokio und Yokohama, der zweitgrößten Stadt Japans, kamen dabei rund 140.000 Menschen ums Leben. Weil der Boden pünktlich um Punkt zwölf Uhr bebte – zu der Zeit, als in vielen Haushalten auf Holz- und Gasfeuerstellen das Mittagessen gekocht wurde –, entstanden mehrere Großbrände. Nach dem Erdbeben lagen weite Bereiche Tokios in Schutt und Asche. Der Wiederaufbau der Stadt dauerte bis in die 1930cr Jahre: Breitere Straßen, Grünanlagen und eine feuerfestere Bauweise von öffentlichen Gebäuden sollten eine derartige Katastrophe in Zukunft verhindern. Heute werden Gebäude in Tokio von Anfang an erdbebensicher gebaut.

Erdbeben gefährden auch den weitläufigen Untergrund Tokios. Tunnelschächte und andere unterirdische Räume können durch die Erschütterungen einstürzen, schlimmstenfalls Tausende von Menschen das Leben kosten. Trotzdem ist es für die Japaner gerade wegen der ständigen Erdbeben so wichtig, noch mehr Infrastruktur unter den Boden zu bauen. Deshalb verlegte die Stadt in den letzten Jahren viele Kilometer Versorgungsleitungen in unterirdische, begehbare Tunnel. Denn dort ist es zumindest wahrscheinlicher als an der Oberfläche, dass die Leitungen die Schwingungen eines Erdbebens unbeschadet überstehen. Die Bewohner von Tokio scheinen in ihrem Untergrund statt Probleme vor allem Lösungen zu finden.

5.

NICHT VON MENSCHENHAND

Die meisten Unterwelten von Metropolen sind durch den Menschen entstanden. Aber es gibt Ausnahmen. Kaum jemand würde wohl vermuten, dass unter London viele natürliche Flüsse verlaufen. Doch es gibt sie tatsächlich. Seit Jahrhunderten suchen sie sich ihren Weg zur Themse. Irgendwann hatten die Stadtbewohner sie von der Oberfläche in den Untergrund verbannt. In Gedenken an die (fast) vergessenen Flüsse wird diesen das Kapitel zu London gewidmet.

Die Höhlen von Budapest gehören ebenfalls zu den weniger bekannten Unterwelten von Metropolen. Seit Ewigkeiten unter der Oberfläche verborgen, haben Forscher viele dieser Höhlen erst vor 100 Jahren entdeckt. Und dabei manch eine Überraschung erlebt.

London

Mit mehr als acht Millionen Einwohnern ist London die bevölkerungsreichste Stadt der Europäischen Union. Ein Besuch der Metropole ist faszinierend: überfüllte U-Bahnstationen und Gehwege, trendige Flohmärkte, Touristen in Lebensgefahr: Achtung, Linksverkehr! Gediegene Teekränzchen, randlose Gurkensandwiches, höfliches Geplänkel, Golf und Pferdepolo, futuristische Wolkenkratzer und London Eye, aber auch St. Paul's Cathedral und London Tower. Die pulsierende Hauptstadt Englands zeigt sich gern in all ihren Facetten.

Über Jahrhunderte wuchs London von einer kleinen römischen Siedlung zu einem der wichtigsten Kultur-, Finanz- und Handelszentren der Welt. Heute ist die Stadt in vielen Bereichen durchorganisiert und ordentlich, bis hin zu den kunstvoll gestutzten Buchsbäumchen in den Parks. Was allerdings nicht hinein passte oder London am Wachsen hinderte, musste weichen. Die Menschen in London können es nicht sehen, und doch kommen sie, ohne es zu wissen, ständig in Berührung mit dem, was verschwinden musste. Es liegt unter ihren Füßen, und sie lesen es auf Straßenschildern. Manchmal können sie es aus der Tiefe eines Abflussdeckels hören, das leise Gurgeln und Rauschen von Wasser. Wasser der vergessenen Flüsse, die sich bis heute ihren Weg in Richtung Themse bahnen – begraben in der Finsternis.

In schriftlichen Quellen aus dem Mittelalter wird ein London beschrieben, das zur heutigen Metropole keinen stärkeren Kontrast bilden könnte: Durch Weiden, Felder und Wälder wanden sich fließende Gewässer. Alte Zeichnungen zeigen Flüsse zwischen Blumenfeldern und Sträuchern, eingebettet in eine pastorale Landschaft. Felder und Weiden wurden im Laufe der Zeit bebaut, doch was geschah mit den Flüssen? Sie wurden ein paar Stockwerke tiefer gelegt. Insgesamt 13 Flüsse strömen gleich einem feinen Netz aus Blutkapillaren unter London hindurch. Heute zum größten Teil unterirdisch, gehörten sie jahrhundertelang zu Londons Stadtbild. Jeder dieser Flüsse hat seine persönliche Geschichte, seinen eigenen Namen. Zu den größten zählen Walbrook, Tyburn, Westbourne, Effra und der Fleet. Letzterer war zweifellos der größte und bekannteste unter ihnen. Seine Geschichte ist so komplex und vielfältig wie London. Sein Name – im Angelsächsischen bedeutet Fleet „Flut" – weist auf seine einstige Pracht und Größe hin. Früher vereinten sich seine beiden Quellen nördlich vom heutigen Camden Town zu einem Strom, der während der Flut nicht weniger als 20 Meter breit war. Zunächst vorbei an der St.-Pancras-Kirche durchquerte er einen damals eher zwielichtigen Bezirk, das heutige Kings Cross. Heute ist vom Fleet nichts mehr zu sehen. Seine Quellen entspringen immer

River Fleet, gemalt von Samuel Scott, ca. 1750.

noch im Park Hampstead Heath, doch bereits am südlichen Ende des Parks verschwinden sie wieder im Untergrund. Durch Kanäle fließt der Strom sechs Kilometer lang unter der Stadt. Erst am Ufer der Themse erscheint der Fleet wieder an der Oberfläche. Dort sprudelt er aus einem kleinen unscheinbaren Loch – kaum zu unterscheiden von einem Abwasserkanal – direkt in den großen Fluss.

Früher oder später ereilte alle Nebenflüsse der Themse in der Metropolregion dieses Schicksal: Sie verschwanden von der Oberfläche und damit auch von der Landkarte. Denn im Laufe der Jahrhunderte entwickelte sich aus der einst kleinen Siedlung Londinium eine Stadt, die zunehmend größer wurde, mit Straßen, Schienen und großen Gebäuden, die viel Platz benötigten. Die Flüsse fingen an zu stören, sie hinderten die Stadt am Wachsen. Außerdem bargen sie viele Gefahren für die Einwohner: Überflutung, Krankheit und Tod. Und nicht zuletzt bewegte der unerträgliche Gestank die Londoner irgendwann dazu, die Flüsse aus dem Weg zu schaffen. In den Außenbezirken sind sie teilweise noch sichtbar, in der Innenstadt Londons jedoch ist von den kanalisierten und überbauten Nebenflüssen der Themse nichts mehr zu sehen. Trotzdem findet man noch

Spuren von ihnen an der Oberfläche. Straßen wurden nach ihnen benannt, Hügel und Täler in der Stadt lassen den einstigen Verlauf der Flüsse erahnen. Überreste von Brunnen zeigen, wo die Menschen einst das Wasser aus den Flüssen schöpften. Um die Flüsse ranken sich viele Legenden und Geschichten. Sie wurden begraben. Aber sie leben noch!

Hügel und Täler, Sümpfe und Flüsse – als sich die Römer im 1. Jahrhundert n. Chr. an den Ufern der Themse niederließen und Londinium gründeten, besiedelten sie eine Landschaft, die viel Schutz bot. Sie bauten eine Mauer um die Stadt und nutzten dabei die natürlichen Gegebenheiten, indem sie sich auch am Verlauf der Flüsse orientierten. Der Fleet diente als westliche Stadtgrenze von Londinium. Entlang des Flusses bauten die Römer den westlichen Teil ihrer Stadtmauer. An seiner Mündung in die Themse war er ungefähr 180 Meter breit und musste auf die Menschen prächtig gewirkt haben. An seinem Ufer wurde ein römischer Tempel errichtet.

Auf ähnliche Weise nutzten die Römer den Walbrook, dessen Name übersetzt „Mauer-Fluss" bedeutet. Damals floss der kürzeste der vergessenen Flüsse Londons unter der Stadtmauer direkt in das Zentrum Londiniums. Auf ihm transportierten die Römer viele Güter. Reste eines römischen Tempels sowie zahlreiche menschliche Schädel, die man unter anderem während des 19. Jahrhunderts im Flussbett entdeckte, lassen vermuten, dass der Walbrook ein Schauplatz ritueller Aktivitäten war.

Seit der Römerzeit nutzten die Bewohner Londons die Flüsse auf unterschiedliche Art und Weise. Zunächst versorgten die Flüsse die Stadt mit Trinkwasser. Am Fleet existierten so viele Brunnen, dass er bald auch unter dem Namen „River of Wells" bekannt war. Manchen dieser Brunnen wurde eine heilende Wirkung zugesprochen. In Form von Ruinen haben einige bis heute überdauert. An anderen Orten, wo die Brunnen irgendwann entfernt wurden, erinnern Gedenktafeln an sie.

In der Antike und zu Beginn des Mittelalters war der Boden an den Ufern der Flüsse äußerst fruchtbar. Gemüsegärten, Obstplantagen und Weinreben säumten den Fleet. Ganz in seiner Nähe, am heutigen Saffron Hill, wurde Safran angebaut. Es existieren viele Geschichten aus jener Zeit, als die Flüsse Londons noch voller Leben waren und in ihnen klares, sauberes Wasser strömte. So soll König Heinrich VIII. einen gezähmten Eisbären am Tower gehalten haben, der regelmäßig Lachse aus der Themse fing. Auch der Westbourne versorgte die Mönche einer am Ufer gelegenen Priorei mit Fisch.

Bereits die Römer hatten an der Themse einen Hafen erbaut, beförderten auf dem Hauptfluss und auf den Nebenflüssen ihre Fracht. Als wichtiger Handelsplatz und Hafenstadt wuchs London rasch und dehnte sich immer weiter aus. Der Fleet war ebenfalls breit genug für die Schifffahrt. Eine aus dem Anfang des 12. Jahrhunderts nachgewiesene Schiffsladung bestand aus Bausteinen für die alte St.-Pauls-Kirche. Auch Wein, Holz, Getreide und Binsen wurden auf den Nebenflüssen transportiert.

Wo Wasser fließt, fließt Energie. Deshalb entstanden an den Flüssen Londons seit dem Mittelalter zahlreiche Wassermühlen. Neben Mehl aus Getreide wurde in einigen dieser Mühlen Schießpulver hergestellt. Das war nicht ungefährlich: regelmäßig kam es zu Explosionen. Einer Legende zufolge soll im Jahr 1850 eine solche Detonation angeblich noch 80 Kilometer entfernt von den Menschen in Sussex wahrgenommen worden sein.

Verschiedene Gewerbe entstanden an den Gewässern. Bäcker mahlten Getreide zu Mehl, Gerber verarbeiteten rohe Tierhäute zu Leder, Schmiede tauchten ihre Messer in das Wasser, um sie vor dem Schleifen zu härten. Färber errichteten ihre Betriebe direkt an den Ufern und nutzten das Wasser als Energiequelle. Andere Gewerbe warfen ihren Müll in die Flüsse. So auch die Schlachter, die im Wasser die Eingeweide der getöteten Tiere wuschen und ganze Kadaver entsorgten.

Dennoch versuchten die Bewohner Londons, ihre Flüsse sauber zu halten. Ab dem Mittelalter wurden Gesetze erlassen, die es strikt verboten, Müll in die Flüsse zu werfen. Doch die Realität sah anders aus und wurde in satirischen Gedichten des 17. und 18. Jahrhunderts voller Spott geschildert. Der Unterlauf des Fleet nahe seiner Mündung in die Themse war in dieser Zeit von Eingeweiden geschlachteter Tiere komplett bedeckt. Im blutroten Wasser trieben ertränkte Welpen und Katzen zwischen stinkenden Fischresten. Weil es trotz aller Gesetze paradoxerweise erlaubt war, den Inhalt der Latrinen in die Flüsse zu kippen, füllten Exkremente die letzten Lücken zwischen den treibenden Kadavern. Unaufhaltsam drohten die Flüsse zu verstopfen.

Gleichzeitig konnten sie zur tödlichen Gefahr werden: Immer wieder kam es zu Überschwemmungen. Der Effra, der „reißende Strom", war für seine sintflutartigen Ausbrüche besonders bekannt. Er versetzte die Londoner in Angst und Schrecken. Im Mittelalter rissen Sturzfluten ganze Mauern mit sich. Der Fleet zerstörte im Jahr 1317, als einer längeren Dürre ein heftiges Gewitter gefolgt war, Häuser, Mühlen und Brücken. Viele Menschen kamen dabei ums Leben.

Gegen die vielen unberechenbaren Überflutungen konnten die Bewohner Londons vorerst nur wenig ausrichten. Dem Vermüllen der Flüsse, was vor allem zu bestialischem Gestank führte, sahen sie dagegen nicht tatenlos zu. Eine der ersten Gelegenheiten zum Handeln ergab sich nach dem Großen Brand im Jahr 1666. Die Feuersbrunst hatte einen Großteil der Innenstadt und viele Bauten an den Ufern des Fleet zerstört. Die Londoner nahmen die Gelegenheit wahr, um dem Fluss wieder zu seinem einstigen Glanz zu verhelfen. Sie kanalisierten ihn nach venezianischem Vorbild, mit steinernen Anlegeplätzen zu beiden Uferseiten und hohen Brücken. Im Jahr 1750 hielt Samuel Scott seinen Eindruck des Fleet in einem farbenfrohen Ölgemälde fest: Auf glasklarem türkisblauem Wasser treiben an einem sonnigen Tag Segelschiffe und kleine Ruderboote an der Mündung des Flusses in die Themse. Von Müll und toten Tieren keine Spur – ein Bild, dem die Beschreibungen anderer Zeitgenossen des 18. Jahrhunderts so gar nicht entsprechen. Offenbar hielt nach der Sanierung des Flusses seine Sauberkeit nicht lange an. Schriftsteller machten sich lustig über den „lieblichen Duft" des Fleet: Weil er zu diesem Zeitpunkt überlief vor Schlamm, Abfällen und Exkrementen, stank er wieder penetrant. Der Fluss war so verstopft, dass Schiffe ihn nicht mehr befahren konnten. Zudem machten Horrorgeschichten unter den Londonern die Runde. So soll im Winter ein Betrunkener in den Fluss gefallen sein. Dort erfror er jämmerlich, weil er sich aus dem Schlamm und Unrat nicht selbst befreien konnte. Er war nicht der Einzige, der auf diese Weise ums Leben gekommen sein soll.

Der Fleet wurde als Treffpunkt zwielichtiger Gestalten bekannt, und das nicht nur wegen des Gefängnisses, das hier seit dem 12. Jahrhundert stand. In der Turnmill Street nahe der heutigen Farringdon Station standen viele Bordelle. Und der Saffron Hill, an dem einst Safran angepflanzt wurde, war bald berühmt als Treffpunkt für Räuberbanden, die sich hier gern aufhielten. In einem Haus am Ufer des Fleet versammelten sich regelmäßig Diebe und Raubmörder. Über eine Falltür sollen sie viele ihrer getöteten Opfer direkt im Fluss entsorgt haben. Als das Haus eines Tages abgerissen wurde, fanden die Bauarbeiter in den Kellern angeblich haufenweise Menschenknochen.

Die Elendsviertel und die alltäglich herrschende Kriminalität machten den Fleet zu einem der düsteren Schauplätze in Charles Dickens' „Oliver Twist". Ständige Überschwemmungen, Verschlammung und nach wie vor unerträglicher Gestank besiegelten seinen Ruf.

Während der Oberlauf bereits seit 1737 oberirdisch nicht mehr zu sehen war, überbauten die Londoner den Unterlauf des Fleets erst im Jahr 1769. Die Mündung des Flusses mit den einst so prächtigen

Anlegeplätzen im venezianischen Stil verschwand unter neugebauten Straßen und Häusern.

Auf diese oder ähnliche Weise kamen alle Nebenarme der Themse in der Innenstadt irgendwann unter die Erde. Nach und nach wurden die Flüsse mit Ziegelsteinen zugepflastert, Straßen und Häuser wurden errichtet, wo diese einst verliefen. Manche, wie den Walbrook, ereilte dieses Schicksal bereits im 16. Jahrhundert, andere wie den Westbourne dagegen erst Mitte des 19. Jahrhunderts. Früher oder später verschwanden aber alle von der Oberfläche. Und mit ihnen, so hofften es die Londoner jedenfalls, der permanente Gestank.

Leider erfüllte sich diese Hoffnung nicht. Stattdessen wurde das Abwasserproblem im 19. Jahrhundert immer größer, löste sogar mehrere Choleraepidemien aus. Die Themse glich einer einzigen riesigen Kloake, die sämtliche Abwässer der Stadt aufnahm. Im Sommer 1858 stank der Fluss so unerträglich, dass die Vorhänge im Palace of Westminster in Calciumchlorid getränkt wurden, um die Atemluft in den Räumen zu verbessern. Die Abgeordneten dachten sogar darüber nach, in den Hampton Court Palace weiter flussaufwärts zu ziehen. Die Ereignisse während des „Großen Gestanks" veranlasste das Parlament zum Bau eines umfangreichen Abwassersystems. Unter der Leitung des Chefingenieurs Joseph Bazalgette entstanden unterirdische Anlagen zum Auffangen des Abwassers. Sie waren insgesamt 135 Kilometer lang, aus Ziegelsteinen gemauert und leiteten jährlich 140 Milliarden Liter Abwässer ab. Diese neuen Kanäle fingen auch das verschmutzte Wasser aus den Flüssen auf deren Weg in die Themse ab und leiteten es in großen Transportkanälen zusammen, die wiederum weit außerhalb der Stadt endeten. Das Londoner Abwassersystem von Bazalgette ist eines der größten städtebaulichen Projekte Europas des 19. Jahrhunderts – und bis heute der wichtigste Bestandteil der Londoner Kanalisation. Das hieß jedoch nicht, dass die unterirdischen Flüsse „aufatmen" konnten. Stattdessen wurden viele von ihnen in das Abwassersystem integriert.

Die Stadt nutzte die unterirdischen Flüsse, um noch ein weiteres Problem zu lösen: Bei Unwetter nahmen sie das Regenwasser von den Straßen auf. Eine wichtige Funktion, da Regenwasser in Städten nicht wie auf dem Land einfach in der Erde versickern kann, sondern von Kanälen aufgefangen werden muss. Das Wasser aus den Abflussrinnen an den Straßenrändern wird zum großen Teil direkt in die unterirdischen Flüsse geleitet.

Doch auch die unterirdischen Flüsse können überlaufen, manchmal mit schlimmen Folgen. Dann kann das Wasser der Flüsse samt Abwässern aus den Haushalten und Industriemüll bis an die Oberfläche steigen, Straßen und die Keller der Wohnhäuser überfluten. So geschah es mit dem Effra im Jahr 2007 nach einem wolkenbruchartigen Sturzregen. Zu Überschwemmungen kann es vor allem während der Flut kommen. Die Gezeiten erheben das Wasser in der Themse um mehr als sechs Meter, sodass dann das Wasser im Fleet ebenfalls steigt. Wenn dieser stark überläuft, kann zum Beispiel die Farringdon Street innerhalb kürzester Zeit unter Wasser stehen.

Im Rahmen eines Umweltprojektes der Stadt sollen 15 Kilometer Flusslauf bis zum Jahr 2015 wieder an die Oberfläche zurückgeholt und in das Stadtbild integriert werden. Die Flüsse, die mit dem Abwassersystem verbunden sind, werden aber wegen des verschmutzten Wassers weiterhin in der Unterwelt bleiben müssen.

Dennoch hat London die versteckten Flüsse wieder mehr ins Bewusstsein gerückt. Ihren Verlauf kann man heute auf verschiedenen geführten Touren verfolgen – wenn auch nur auf der Oberfläche. Die Gefahr, von der Flut überrascht zu werden, ist zu groß, der Aufenthalt im Untergrund daher streng verboten.

Spuren der Flüsse findet man überall in London. Straßen tragen Namen wie „Effra Road", „Westbourne Grove" oder „Old Fleet Lane". Diese Straßen, ebenso wie Schienenwege entsprechen häufig dem

Verlauf ihrer unterirdischen Namensgeber. Noch heute bilden die Flüsse Grenzen von Verwaltungseinheiten, so zum Beispiel von manchen Postbezirken in London. Doch kaum jemandem ist dies bewusst. Wer wird sich bei einem Spaziergang durch London schon fragen, wie die Straßen überhaupt zu ihrem Namen kamen? Wer nimmt bei all dem Straßenlärm, den Hochhäusern und den Menschenmassen wahr, dass er über Hügel läuft, zwischen denen sich einst die Flüsse schlängelten? Wer wird schon bei einem Abflussdeckel stehenbleiben und dem Rauschen und Gurgeln unter sich lauschen – im Wissen darüber, dass es ein längst vergessener Fluss ist, der sich seinen Weg durch die Dunkelheit bahnt?

Budapest

Ohne Frage: 1896 war *das* Jahr für Budapest. Die Stadtbewohner feierten ausgelassen den 1000. Jahrestag der Landnahme der Ungarn. Seit sich die Städte Buda, Pest und Óbuda rund 20 Jahre zuvor vereinigt hatten, war die neue Hauptstadt Handels- und Wirtschaftszentrum und zugleich der wichtigste Verkehrsknotenpunkt Ungarns. Das machte sich auch im Stadtbild bemerkbar. Besucher aus dem Ausland reisten gern nach Budapest, übernachteten in prunkvollen Luxushotels, verbrachten viele Stunden in den belebten Bädern, berühmten Kaffeehäusern und Einkaufspassagen oder spazierten auf der breit angelegten Donaupromenade. Die aufblühende Metropole war der perfekte Ort, um das Millennium zu feiern. Rechtzeitig zum Beginn der großen Feier präsentierten die Budapester ihre neue Untergrundbahn. Sie taten das nicht ohne Stolz, denn diese zählte zu den ersten Untergrundbahnen weltweit. Originalgetreu restauriert, fühlt man sich noch heute in den Haltestellen der ersten U-Bahnlinie in das mondäne Budapest des 19. Jahrhunderts zurückversetzt.

Neben der Metro gibt es in Budapest aber eine weitere Unterwelt: Kilometerlange, natürliche Höhlen liegen unter der Stadt, viel älter als die ältesten Spuren der Besiedlung in Budapest. Einige der bislang 170 bekannten Höhlen haben die Budapester bereits im Mittelalter genutzt. Die meisten aber entdeckten sie erst im vergangenen Jahrhundert. Die Höhlen liegen auf der westlichen Seite der Donau, unter den Budaer Bergen. So gilt Budapest nicht nur als „Stadt der Bäder", sondern zu Recht auch als „Stadt der Höhlen".

Diese Unterwelt gibt es seit Millionen von Jahren. Damals bildeten sich Dolomit- und Kalksteinschichten, Überreste von Ablagerungen eines riesigen Salzsees, der fast das gesamte Gebiet des heutigen Ungarns bedeckt hatte. Regen sickerte durch den Kalkstein und vermischte sich unter der Erde mit schwefelwasserstoff- und kohlendioxidreichem Wasser. Auf diese Weise entstand das Thermalwasser, weswegen viele Badegäste das heutige Budapest so gern besuchen. Im Laufe der Zeit löste das Thermalwasser den Kalkstein auf. Erst bildeten sich nur kleine Spalten, irgendwann dann ein ganzes Geflecht aus unterirdischen Gängen und Kammern. Der Wasserspiegel sank stetig und ließ ein riesiges Höhlensystem zurück.

Die vielen Thermalwasserquellen spielten in Budapest von Anfang an eine wichtige Rolle. Die Geschichte der Hauptstadt Ungarns beginnt im Jahr 89 n. Chr., als die Römer sich an diesem Ort niederließen. Um das römische Militärlager herum entstand Aquincum, die Hauptstadt der Provinz Pannonia inferior. Schon der Name der Stadt – abgeleitet vom keltischen Namen „Ak-ink", was „viel Wasser" bedeutet – weist auf die zahlreichen Wasserquellen hin, die es dort gibt. Kein Wunder, dass sich die Römer als absolute Badeliebhaber in einer solchen Gegend gern aufhielten. Im großen öffentlichen Bad der Stadt genossen sie Warmwasser-, Kaltwasser- und Dampfbäder. Zudem verbrachten sie hier ihre freie Zeit bei Gesellschaftsspielen,

Vorlesungen, Ballspielen und Sport. Als während der Völkerwanderungszeit Aquincum Teil des Hunnenreichs wurde, ging mit dem einstigen Glanz der Römerstadt gleichzeitig die römische Lebensweise verloren. Erst im 16. Jahrhundert, als die Osmanen über diese Gegend herrschten, lebte die Badetradition wieder auf. Sie errichteten viele Thermalbäder, die zum Teil heute noch in Betrieb sind. Dazu gehört das im Jahr 1550 erbaute Rudazs-Bad. Rund 120 Thermalquellen speisen mit ca. 70.000 Kubikmeter Wasser pro Tag zwölf Bäder in Budapest. Einen Eindruck hiervon erhält man beim Besuch dieser Bäder, aber auch wenn man in die Unterwelt hinabsteigt.

Wenige Kilometer vom Zentrum Budapests entfernt liegt der Bezirk Roszadomb. Eigentlich scheint hier alles wie in einem ganz gewöhnlichen Wohnviertel: An den Hängen der Budaer Berge reihen sich kleine Einfamilienhäuser neben Appartementhäusern, hin und wieder unterbrochen von einem kleinen Lebensmittelladen oder einer Bäckerei. Unter diesem beschaulichen Stadtbezirk liegen mehr als 100 Höhlen, mit einer Gesamtlänge von 45 Kilometern. Die Stadtbewohner kennen die Welt unter Roszadomb erst seit kurzer Zeit. Alles fing damit an, dass im Jahr 1904 der Boden unter einer grasenden Ziege plötzlich zusammenbrach. Die Besitzer des Grundstücks versuchten, das Tier aus dem Erdloch zu retten. Plötzlich standen sie direkt im Eingang einer Höhle. Sie tasteten sich langsam vor, aber der Raum schien kein Ende zu nehmen. Die Eigentümer benachrichtigten Höhlenforscher, die bald darauf begannen, die sensationelle Entdeckung genauer zu untersuchen. In den folgenden Jahren arbeiteten sie sich immer weiter, immer tiefer vor. Manche der Gänge liegen bis zu 90 Meter unter der Erdoberfläche. Abschnitte der Pálvölgyi-Höhle wurden bereits 1927 für Besucher geöffnet.

Eine weitere Höhle wurde im Jahr 1930 auf ähnliche Weise entdeckt, ebenfalls im Bezirk Roszadomb. Auch dieses Mal wurde der

Inhaber des Grundstücks rein zufällig auf ein Loch im Boden aufmerksam. Daraufhin verständigte er den Touristenverein der Budapester Universitäten. Mit Seilen und Lampen ausgerüstet, untersuchten Forscher in den folgenden Tagen die Höhle genauer. Überall an den Wänden entdeckten sie einzigartige Formationen, die wie Erbsen, Pilze und Blumen aussehen. Sie waren auf einen wahrhaften „Steingarten" gestoßen. Schließlich besuchte Dr. Ottokar Kadic, Höhlenforscher und Hauptgeologe des Geologischen Instituts, die Höhlen. Er gilt bis heute als treibende Kraft bei der Erforschung der Budapester Höhlen. In der neu entdeckten Szemlöhegyi-Höhle führte er wissenschaftliche Untersuchungen und Messungen durch. Die Auswertungen zeigten, dass die Steinrosen und -erbsen aus Aragonit bestanden, ein Mineral, das man in Thermalwasser findet. Der Nachweis von Gipskristallen bestätigte ebenfalls, dass diese Höhlen einst mit Thermalwasser gefüllt waren.

Auf geführten Touren in Abschnitten der Pálvölgyi- und der Szemlöhegyi-Höhle können sich Besucher einen Eindruck von diesen Steingärten machen. Der Eingang zur Szemlöhegyi-Höhle liegt direkt an einer Straße. Die beiden Glastüren sehen so aus, als könnten sie genauso gut in ein Schwimmbad oder eine Turnhalle führen. Stattdessen geht es ohne Umwege in einen betonierten Tunnel und direkt in die Unterwelt. Nach 50 Metern Fußweg steht der Besucher zwischen Stalagmiten und Stalaktiten. Durch die Beleuchtung werden sie für die Touristen in Szene gesetzt: Hinter ihnen erscheinen Schatten, manche sehen aus wie Hexen mit großen Hakennasen, andere wie Krokodile, Elefanten und kleine Zwerge. Ein schmaler künstlicher Pfad, warmes Licht und keltische Musik aus Lautsprechern im Hintergrund lassen nie vergessen, dass der Mensch sich auch dieses Stück echter Natur mittlerweile zu eigen gemacht hat. Das Gefühl, das man hat, während man sich direkt unter den Straßen von Budapest in einer Millionen Jahre alten Höhle befindet, bleibt dennoch unbeschreiblich.

Eine der Höhlen von Budapest ist ganz besonders: die Molnar-Janos-Höhle. Statt auf betonierten Pfaden besucht man diese – wenn überhaupt – nur im Taucheranzug. Die Höhle ist bis heute fast bis zum Rand mit Thermalwasser gefüllt. An manchen Stellen liegt sie 100 Meter tief unter der Oberfläche. Die Molnar-Janos-Höhle ist die bislang jüngste, zugleich aber tiefste Höhle von Budapest.

Der Eingang liegt gegenüber des Lukacz-Bads und ist leicht zu übersehen. Ab und zu wundern sich die Passanten, wenn eine im Boden eingelassene Stahlklappe plötzlich nach oben schwingt und mehrere Personen in triefnassen Taucheranzügen heraussteigen.

Nur technische Taucher dürfen tiefer als 50 Meter vordringen und die Höhle auf ihrer ganzen Länge, insgesamt 5,5 Kilometer, erkunden. Im kristallklaren Wasser gleiten sie durch Kammern, die mit schwarzen Baryt-Kristallen überzogen sind, vorbei an Muschelabdrücken und anderen Fossilienspuren aus der Urzeit. Währenddessen rauscht über ihnen der Großstadtverkehr vorbei. Und die Besucher des Lukacz-Bads entspannen sich im warmen Wasser, das direkt aus der Molnar-Janos-Höhle kommt.

Während die meisten Höhlen unter Budapest erst in den letzten 100 Jahren entdeckt wurden, gibt es ein Höhlensystem, das die Stadtbewohner bereits im Mittelalter kannten und für ihre Zwecke nutzten. Es liegt unter der bekanntesten Touristenattraktion der Stadt, dem Budaer Burgberg.

Im 13. Jahrhundert überrannten die Mongolen das Land und verwüsteten alles, was ihnen in die Quere kam, auch Buda und Pest. Daraufhin beschloss der ungarische König Béla IV., das neue Buda weiter oben in den Hügeln der Budaer Berge zu errichten. Er hoffte, dass die Stadt sich dort in Zukunft besser verteidigen könnte. Feste Steinmauern wurden um den Burgberg gebaut.

Den Bewohnern blieb nicht unbemerkt, dass sich unter ihrer neuen Stadt ein weitverzweigtes Höhlensystem befand – auf insge-

Die Molnar-Janos-Höhle unter Budapest.

samt drei Etagen und an manchen Stellen bis zu zehn Meter unter den Straßen. Immer mehr Stadtbewohner hauten in den Kellern ihrer Häuser Treppen in die Steinwände bis hinunter zu den Höhlen. Dort lagerten sie Vorräte und schützten sich vor Angriffen. Die Höhlenkeller waren vielseitig einsetzbar: zum Schutz vor Bränden und Belagerungen, als Weinlager, Eiskeller oder Auffangbecken für Niederschlagswasser. Weil die Häuser durch die Höhlen weitgehend miteinander verbunden waren, glichen sie im Mittelalter einer wahren unterirdischen Stadt. Doch die Bewohner fingen an, ihre Reviere abzustecken. Sie mauerten die Abschnitte unter ihren Kellern zu und versperrten bald alle Durchgänge.

Im Laufe der Jahrhunderte gerieten die Verbindungen zwischen den Höhlenkellern in Vergessenheit. Erst im Jahr 1818 wurde das Höhlensystem wiederentdeckt. Diesmal war es keine Ziege, sondern ein Pferd, unter dessen Hufen der Boden plötzlich einbrach. Erst viele Jahrzehnte später untersuchte Ottokar Kadic die unterirdischen

Gänge systematisch und machte dabei sensationelle Entdeckungen. So fand er unter anderem Kieselwerkzeuge aus der Altsteinzeit. Sie belegen, dass die mittelalterlichen Bewohner nicht die ersten Menschen hier unten waren. Die echten Pioniere hatten bereits vor 350.000 Jahren in den Höhlen gelebt oder zumindest eine Zeit lang dort Schutz gesucht.

Die natürlichen Formen der Höhlen unter dem Burgberg haben sich in den tiefsten Abschnitten am besten erhalten. Bislang sind etwa zehn Kilometer des Systems erschlossen. Nur ein kleiner Abschnitt davon wiederum ist heute öffentlich zugänglich. So touristisch wie auf dem Burgberg selbst geht es in seinem Untergrund zu. Musik von Verdi schallt durch die Kammern, in manchen stehen Wachsfiguren in barocken Gewändern. Selbstverständlich wird eine besonders berühmte Person erwähnt, die hier unten in der Finsternis eine ganze Weile in Gefangenschaft verbracht haben soll: Vlad Țepeș, Vorbild für die Romanfigur Graf Dracula.

Während der zahlreichen Angriffe und Belagerungen zogen sich die Stadtbewohner immer wieder in die Höhlen zurück. Als im Jahr 1939 der Zweite Weltkrieg ausbrach, bereiteten sich die ungarischen Generäle entsprechend vor. Dazu gehörte auch ihre Entscheidung, ein Militärkrankenhaus einzurichten. Und wo hätte dieses geschützter sein können als unter dem Burgberg?

An der nördlichen Hangseite ließen sie einen Stollen graben, der den natürlichen Gängen der Höhlen folgte. Die Flure des Krankenhauses verlaufen deshalb mal um eine Kurve, mal bergauf und dann wieder bergab, fast zwei Kilometer in den Berg hinein. Das Krankenhaus war streng geheim, bombensicher und vollständig ausgestattet samt Notaufnahme, OP- und Schlafsälen. Es gab Platz für 200 Patienten – ein Tropfen auf den heißen Stein angesichts der 79.000 Soldaten, die zur Verteidigung Budapests in der Stadt stationiert waren. Am Ende des Jahres 1944 lagen rund 600 Patienten, darunter nun auch Zivilisten, in völlig überfüllten und stickigen Zimmern. Das Krankenhaus hatte zu dieser Zeit weder ein Belüftungs- noch ein eigenes Wasserversorgungssystem. Keime breiteten sich schlagartig aus. Statt an ihren eigentlichen Verwundungen starben viele der Patienten an Infektionen, die sie sich erst hier unten eingefangen hatten.

Seit wenigen Jahren ist das Felsenkrankenhaus als Museum geöffnet. Es gleicht innen einem Wachsfigurenkabinett. In jedem noch so kleinen Zimmer stehen lebensgroße Puppen, verkleidet als Ärzte, Krankenschwestern oder Patienten mit schmerzverzerrten Grimassen. Auf den Tischen stapeln sich leere Medikamentenflaschen und medizinisches Besteck. Diese Requisiten drängen die Atmosphäre der Räume stark in den Hintergrund. So bleibt die Frage, wie es hier unten zu Kriegszeiten wirklich war, trotz des Aufwands ungeklärt.

Die Belagerung Budapests durch die Rote Armee dauerte 102 Tage. Mehr als 150.000 Menschen kamen dabei ums Leben. Als die Sowjets Anfang des Jahres 1945 schließlich in die Stadt einmarschierten, entdeckten sie bald das Felsenkrankenhaus. Für das Personal und die meisten Patienten soll es keine Gnade gegeben haben.

Aus Angst vor einem atomaren Angriff baute die Stadt das Felsenkrankenhaus in den 1960er Jahren zu einer Zivilschutzanlage um, mit einem eigenen Belüftungs- und Filtersystem. Die Menschen hätten es hier mit genügend Vorräten etwa drei Tage in völliger Isolation ausgehalten. Ob die Räume einem atomaren Angriff aber tatsächlich standgehalten hätten, bleibt fraglich. Zum Glück ist der Ernstfall nie eingetreten.

In den vergangenen 2000 Jahren wurde Budapest unzählige Male belagert und zerstört. Meist waren die Höhlen ein sicherer Zufluchtsort für die Stadtbewohner. Bis heute leben sie über einer einzigartigen Unterwelt, die im Gegensatz zu der von anderen Metropolen nicht erst vom Menschen geschaffen wurde, sondern auf natürlichem Wege entstanden ist.

6.

AUSGEGRABEN

Der Boden vieler Metropolen besteht aus Unmengen archäologischer Zeugnisse. Unter dem Zentrum von Mexiko-Stadt liegen die Ruinen aztekischer Tempelanlagen, unter den Slums von Lima haben sich Mumiengräber aus der Zeit der Inka erhalten. In Köln reichen die Schichten der Stadt 2000 Jahre zurück, bis zu dem Zeitpunkt, als die Römer sich hier niederließen.

Die Archäologen hoffen bei ihren Ausgrabungen in Metropolen auf besonders viele Funde. Doch gleichzeitig müssen sie mit vielen Hindernissen kämpfen. Zahlreiche Stellen, an denen sie gerne graben würden, sind komplett mit Hochhäusern überbaut. An anderen Orten, an denen sie graben können, müssen sie wiederum unter höchstem Zeitdruck arbeiten – bevor diese überbaut werden. Denn viele Metropolen wachsen rasant. Die Frage zu beantworten, welche Funde gerettet werden und welche für immer im Untergrund begraben bleiben, ist dann die größte Herausforderung für den Archäologen.

Köln

In einer Welt, die ständig nach Fortschritt sucht, muss Altes oft Platz machen für Neues. Insbesondere trifft das auf Großstädte zu, wo geplante Bauprojekte die Zeugnisse der Vergangenheit regelmäßig gefährden. In diesen Situationen kommen die Archäologen zum Einsatz. Unter großem Zeitdruck müssen sie retten, gleichzeitig aber den Verlust zahlreicher Bodendenkmäler hinnehmen. Immerzu stehen sie dabei vor schwierigen Fragen: Was bleibt erhalten? Was geht verloren?

Kölns Zukunft und Vergangenheit lagen nie so nah beieinander wie heute. Dem schnellen Wachsen der Stadt hinkte seit langem die Infrastruktur hinterher. Um die öffentlichen Verkehrsmittel zu entlasten, entschied sich die Stadt für den Bau einer neuen U-Bahn, die täglich 114.000 Fahrgäste schneller an ihr Ziel bringen sollte. Doch die geplante Trasse führte direkt durch den alten Stadtkern. Die historischen Schichten sind hier an manchen Stellen 14 Meter tief und reichen zurück bis in die Zeit der römischen Antike. Der Tunnel für die U-Bahn wurde zwar in 25 Metern Tiefe angelegt, dennoch drohten archäologische Befunde in den höher liegenden Bereichen der geplanten Haltestellen und Versorgungsschächte zerstört zu werden. Bevor die Bauarbeiten begannen, mussten erst einmal Archäologen an diesen Stellen Zeugnisse der Vergangenheit freilegen und bergen. Vor ihnen lag eine Eingriffsfläche von insgesamt 30.000 Quadratmetern – etwa vier Fußballfelder – mit einem Gesamtvolumen von 150.000 Kubikmetern. Es war ein Großprojekt, das mit den größten Grabungen Europas locker mithalten konnte. Auf die Wissenschaftler wartete ein riesiger Berg an Arbeit.

Für Dr. Marcus Trier, Direktor des Römisch-Germanischen Museums und der Archäologischen Bodendenkmalpflege und -denkmalschutz der Stadt, hieß dieses Projekt vor allem eines: eine ungeheure Menge an Daten, auf die er sich bestens vorbereiten musste. Innerhalb von zwei Jahren wertete der Grabungsleiter gemeinsam mit seinen Kollegen Gebäudeverzeichnisse und Stadtpläne, Bilder und Urkunden aus. Um möglichst genaue Prognosen treffen zu können, trugen sie all ihr archäologisches und historisches Wissen über die Stadt zusammen. Bekannt war ihnen beispielsweise, in welchen Bereichen sie auf Mauern stoßen würden. Viele Gutachten und Berichte halfen dabei, Zeit- und Personalaufwand vorzubestimmen. Mit den Fakten und Zahlen in der Tasche konnten dann die Ausgrabungen beginnen. Immer mehr Herausforderungen kamen während des Einsatzes hinzu. Die Aufgaben von rund 100 Archäologen mussten koordiniert, Grabungsorte vor Neugierigen und Raubgräbern geschützt werden. Die Arbeitsbedingungen waren alles andere als komfortabel: Zu Beginn des Projektes grub man noch unter freiem Himmel – dann ging es in den Untergrund. Als eine Tiefe von 2,5 Metern erreicht war, überdeckten die Archäologen die Grabungsflächen mit Hilfsbrücken aus Stahl und Beton und arbeiteten fortan unter künstlichem Licht. Innerhalb von zehn Jahren schufen sie einen einzigartigen Querschnitt durch die reiche und großartige Geschichte der Stadt Köln – von der preußischen Festungsstadt durch das mittelalterliche Köln bis hinunter zu den Überresten der römischen Stadt. Am Ende bargen die Archäologen rund 2,5 Millionen Funde. Diese ergänzen das bisherige Wissen über die Stadtgeschichte um viele Fakten. Und sie erzählen Geschichten von den Bewohnern einer Stadt, die seit jeher für ihren urbanen Glanz berühmt war.

Vermutlich um 19 v. Chr. zunächst als Stadtsiedlung für die Ubier gegründet – einen mit Rom verbündeten Germanenstamm – erhielt Köln die römischen Stadtrechte im Jahr 50 n. Chr. – dank einer Frau. Agrippina, Gemahlin des Kaisers Claudius und Mutter des berühmtberüchtigten Kaisers Nero, schien in dieser Angelegenheit einen starken Einfluss auf ihren Mann gehabt zu haben. Vermutlich, um ihre Machtstellung in Rom auszubauen, überzeugte sie Claudius, ihre Geburtsstadt am Rhein zur römischen Kolonie zu erheben: eine folgenreiche Entscheidung für das Schicksal Kölns. Fortan trug die Stadt den Namen Colonia Claudia Ara Agrippensium (CCAA). Nach der Erhebung zur Colonia und wegen der günstigen Lage am Rhein sowie an zwei wichtigen Handelswegen entwickelte sich CCAA zu einer der bedeutendsten Städte des römischen Imperiums und zur

Ausgrabung vor dem Kölner Dom.

größten Stadt nördlich der Alpen. Anfang des 3. Jahrhunderts n. Chr. lebten hier zwischen 15.000 und 20.000 Menschen. CCAA beeindruckte mit monumentalen öffentlichen Gebäuden und Tempeln, einem großen Forum und prächtigen Thermenanlagen. Eine fast vier Kilometer lange Stadtmauer mit neun Toren schützte das antike Stadtzentrum von allen Seiten. Innerhalb der Stadtmauern spielte sich das politisch-administrative und wirtschaftliche Leben der Colonia ab. Hier fanden die meisten öffentlichen Feste der Gemeinde statt, hier lebten die Führungsschicht sowie der Statthalter und sein Stab. Und mit der knapp 100 Kilometer langen Eifelwasserleitung, einem der längsten Aquädukte des römischen Imperiums, war die Stadt reichlich mit Wasser versorgt.

Für den Transport von Waren lag die Stadt optimal, direkt am Rhein. Auf langen Plattbodenschiffen, die bis zu 30 Tonnen Gewicht tragen konnten, importierten die Römer massenweise Holz und Steine, Marmor und Kalk als Baumaterial, aber auch Lebensmittel und Nutztiere. Ein detailliertes Bild über den weitreichenden Handel der Römer zeichnen 1,8 Millionen Funde aus dem Bereich des ehemaligen römischen Hafens. Dieser lag an einer Nebenrinne des Rheins, direkt unter dem heutigen Kurt-Hackenberg-Platz und dem Platz Alter Markt. Im Schlick hielten sich organische Materialien wie Holz, Leder, Knochen und Essensreste, die ansonsten längst zerfallen wären, besonders gut. Wrackteile von Schiffen und schwere Bootshaken aus Eisen zeugen von einem regen Hafenbetrieb. Vor allem jedoch fanden die Archäologen Amphorenfragmente – mit 100.000 an der Zahl bilden sie den bisher größten „Scherben-Bestand" nördlich der Alpen. Auf der Hafensohle lag fast mehr Keramik als Kies. Ähnlich wie bei heutigen Einwegverpackungen nutzten die Römer ihre Amphoren nur einmal, zerbrachen sie daraufhin und warfen sie weg – häufig in den Rhein.

Was den Römern wertlos erschien, ist für die Archäologen ein wahrer Schatz. Auf vielen Scherben fanden sie Pinselaufschriften, die Informationen zu Inhalt und Herkunft der Amphore, zum Produzenten, manchmal zur Nettoeinlage oder zum Verpackungsgewicht liefern. Für die Archäologen sind diese Scherben Geschichtenerzähler.

Offenbar ließen die Römer alles, was ihnen wichtig war, nach Köln liefern, gleichgültig wie weit die Produktionsstätte von der Stadt entfernt lag. Dazu gehörten Weine aus Italien, Kleinasien und Kreta, aber auch Olivenöle aus Spanien und Tunesien. Eine mit Nilpflanzen bemalte Scherbe stammt sogar aus Ägypten. Zusammen mit den Unmengen an Austernschalen, die ebenfalls unter dem Kurt-Hackenberg-Platz lagen, ergibt sich das Bild einer üppigen, überregionalen Speisekarte im römischen Köln. Dabei durfte „garum", die besonders beliebte würzige Fischsauce, natürlich nicht fehlen. Für ihre Herstellung wurden Thunfisch, Sardellen, Aale und Makrelen einschließlich ihrer Eingeweide in Salzlake eingelegt und teilweise monatelang in der Sonne fermentiert. Garum gehörte zu den Standardgewürzen, war das „Maggi" der römischen Antike. In diesem Zusammenhang tauchte auf einer Scherbe der Name eines den Archäologen altbekannten Mannes auf: Aulus Umbricius Scaurus, ein wohlhabender Fischsaucenhändler aus Pompeji, der in seiner Heimatstadt sehr erfolgreich war. Wie die Behälter seiner Ware aussahen, zeigt noch heute ein Mosaik in Pompeji, das er einst im Atrium seines Hauses anlegen ließ. Dass es der Händler in seinem Beruf wirklich weit gebracht hatte, belegt die Scherbe aus Köln. Aulus Umbricius Scaurus exportierte sein „garum pompeianum" nicht nur in die Städte rund um den Vesuv, sondern offenbar bis weit in den Norden des Römischen Reiches.

Die zahlreichen Entdeckungen am Kurt-Hackenberg-Platz machen deutlich, wie weit sich das Handelsnetz erstreckte, und sie geben dem römischen Köln ein Gesicht. Ein Teil der römischen Stadtmauer, Hafentor und Kanalauslass sollen zukünftig in einem unterirdischen Raum für die Öffentlichkeit sichtbar bleiben.

Nach dem Zerfall des römischen Imperiums blieb Köln, obwohl die Einwohnerzahl in der Frankenzeit sank, eine für frühmittelalterliche Verhältnisse große und prosperierende Stadt. Unter der Herrschaft Karls des Großen wurde sie erzbischöfliche Residenz, woraufhin ihr politischer und kultureller Einfluss wuchs. Für diese Epoche hat der Kurt-Hackenberg-Platz ebenfalls einen sensationellen Fund vorzuweisen: eine Bergkristallwerkstatt, die im Dienste des Erzbischofs gestanden hatte. Die kostbaren Minerale wurden hier für Schreine und Bucheinbände, für Kruzifixe und Reliquiare geschliffen. Die Edelsteinschleifer saßen oder standen auf einem schweren Holzrost über einer Grube. Bei ständiger Zufuhr von Wasser schliffen sie die Kristalle an großen Schleifsteinblöcken zu Schmucksteinen. Mit äußerstem Feingefühl mussten sie arbeiten, damit der empfindliche Kristall nicht im letzten Moment zerbrach. Trotz aller Vorsicht passierte das aber offenbar regelmäßig. So wurden rund 65.000 Bergkristallstücke mit dem Wasser in die Grube gespült und überdauerten bis heute in den Erdschichten.

Zwar hatten die Archäologen dank der intensiven Vorbereitung auf die „Supergrabung" viele zutreffende Prognosen gestellt – mit der Werkstatt hatte jedoch niemand gerechnet. Der Überraschungsfund führte die Ausgräber mitten in das „heilige Köln" des 12. Jahrhunderts zurück. Bis zum Spätmittelalter lebten hier 40.000 Menschen. Köln war die größte Metropole nördlich der Alpen und stand auf Augenhöhe mit anderen Weltstädten wie Paris und London. Die „Abfallprodukte" aus der Bergkristallwerkstatt sind der erste Beweis dafür, dass Köln ein Zentrum für die Bergkristallverarbeitung war. Eine solche Werkstatt ließ sich für das 12. Jahrhundert bisher nirgendwo anders in Europa nachweisen.

Im Mittelalter blieb der Hafen weiterhin das wirtschaftliche Herz der Stadt. Geschickt, wie die Kölner waren, richteten sie das „Stapelrecht" ein. Fortan wurden durchziehende Kaufleute dazu verpflichtet, ihre Waren hier für drei Tage abzuladen. Während dieser

Zeit konnten die Kölner in aller Ruhe die Produkte aussuchen und erwerben, um sie dann mit Gewinn weiter zu verkaufen. So wurden sie immer wohlhabender. Den Reichtum investierten sie nicht zuletzt in ihr Seelenheil und finanzierten Kirchen und Klöster. Aus einer solchen „Spendenaktion" resultierte der Bau des Kölner Doms Mitte des 13. Jahrhunderts.

Die Kölner des Mittelalters waren stolz auf ihre Vergangenheit. Das Bewusstsein für ihre eigene Geschichte zeigt sich auch in der Instandhaltung der römischen Stadtmauern. Weil die Bevölkerung ständig wuchs, wurde die alte Mauer Anfang des 12. Jahrhunderts erweitert. Als dann schließlich die Handelsmetropole eine außerordentliche wirtschaftliche Blüte erlebte, war die Mauer wieder zu klein geworden. Ab dem Jahr 1180 baute Köln daher einen neuen Mauerring, der alle bisherigen Dimensionen sprengte: Mit einer Länge von zehn Kilometern umschloss die Mauer eine 400 Hektar große Fläche. 52 Türme, zwölf Torburgen und ein vorgelagerter Graben ließen keinen der Herannahenden an der Macht und dem Reichtum der Stadt zweifeln.

Im 15. Jahrhundert benutzten Kämpfer statt mittelalterlicher Rammböcke, Steinschleudern und Armbrüste zunehmend Feuerwaffen, mit denen sie ganze Stadtmauern zerstören konnten. Köln gehört zu den ersten Städten, die auf die schwere Artillerie reagierte, und infolgedessen ihre Mauer ein weiteres Mal modernisierte. Große Summen wurden investiert und Sondersteuern eingeführt zum Bau wuchtiger Kanonenbollwerke. Bis zum 17. Jahrhundert entstand ein gewaltiger Befestigungsring mit 25 Bastionen, Kurtinen, Traversen und Gräben. Köln zählte in dieser Zeit zu den größten urbanen Befestigungen Europas.

Als beispielhaft für die enormen Ausmaße der Befestigungsbauten gilt das Bollwerk vor der Severinstorburg, welches die wichtige Nord-Süd-Straße in Richtung Bonn sicherte. Die hufeisenförmige, 4,5 Meter dicke Mauer hatte eine Länge von 20 Metern, eine Höhe von 21 Metern und einen Durchmesser von 16 Metern. Dieser Bau stand etwa 50 Meter vor der Severinstorburg, um von hier aus Angreifer frühzeitig unter Beschuss nehmen zu können.

Erobert wurde Köln dank seiner Wehranlagen nie. Als Ende des 18. Jahrhunderts Napoleon vor der Stadt stand, konnten die Kölner schnell ihre Unterlegenheit einschätzen und gaben die Stadtschlüssel deshalb lieber gleich freiwillig ab. Im Zuge der Stadterweiterung im 19. Jahrhundert wurden sämtliche Mauern abgerissen; übrig blieben lediglich die Severinstorburg, die Hahnentorburg und ein paar kleine Stadtmauerstücke. So sind die ungeheuren Dimensionen der damaligen Befestigung im heutigen Stadtbild kaum mehr nachvollziehbar.

Die Ergebnisse der Grabungen in Köln ergänzen nicht nur schriftliche Quellen, sondern widerlegen sie auch in manchen Fällen. So stellt eine überraschende Entdeckung in der Innenstadt das bisher Überlieferte vom Alltag der Klausnerinnen in einem ganz neuen Licht dar. Dokumenten zufolge führten diese Nonnen ein wirklich strenges Leben, gänzlich von der Welt draußen abgeschnitten. Umso überraschter waren die Archäologen, als sie die Reste einer solchen Klause an der Severinstraße untersuchten. In einer ehemaligen Latrine fanden sie luxuriöses Tafelgeschirr, Austern und Miesmuscheln, Tabakpfeifen und Parfümfläschchen. Zumindest im 17. Jahrhundert schienen die Klausnerinnen weltlichen Genüssen nicht abgeneigt gewesen zu sein.

Heute ist Dr. Marcus Trier mit den Ergebnissen der „Supergrabung" zufrieden. Nicht nur lief die Zusammenarbeit mit der Bauleitung der U-Bahn reibungslos, auch die Stadt unterstützte das Mammutprojekt. Köln blickt – als einzige Millionenstadt Deutschlands mit einer 2000-jährigen Geschichte – stolz auf seine Vergangenheit zurück. Nur selten hatten die Archäologen den Eindruck, ihre Arbeit vor den Stadtbewohnern rechtfertigen zu müssen.

Doch auch wenn die Forscher in Köln dank der Grabung viele neue Erkenntnisse gewinnen konnten, mussten sie dennoch einen großen Verlust archäologischer Quellen hinnehmen. Nach der Freilegung und Bergung der Funde blieben Areale zurück, die historisch gesehen „tot" sind. So gleichen die Rettungsgrabungen einer dokumentierten Zerstörung. Zudem war die Entscheidung, welche Bodendenkmäler gerettet und welche verloren gehen sollen, nie einfach. Gerade in Großstädten kollidieren oftmals die Interessen der einzelnen Parteien und müssen mit Feingefühl abgewogen werden. Für Köln war der Bau einer U-Bahnlinie unerlässlich, um den Stadtbewohnern eine gute Infrastruktur zu bieten und somit als Metropole auf Dauer attraktiv zu bleiben. Archäologie in einer Großstadt funktioniert eben nicht ohne Kompromisse.

Lima

Städte wachsen, oft ohne Rücksicht gegenüber dem, was unter ihnen liegt. So auch Lima. An den Berghängen am Rande der Metropole erscheint das Leben zunächst nicht außergewöhnlich. Hausfrauen schrubben vor ihren Blechhütten Wäsche in Plastikwannen. Lastwagen fahren dröhnend an ihnen vorbei, wirbeln dabei den Staub des sandigen Bodens auf. Kinder rennen auf dem Schulhof einem Ball hinterher. Doch nur ein paar Meter unter ihren Füßen liegen Tausende Mumien einer vergangenen Kultur. Vor wenigen Jahren waren sie für einen Augenblick sichtbar, bevor die wachsende Metropole sie für immer unter sich begrub.

Lima, die Hauptstadt Perus, ist das wichtigste Wirtschafts- und Kulturzentrum des Landes, mit zahlreichen Universitäten, Forschungsinstituten und Museen. Die UNESCO erklärte das historische Zentrum der Stadt zum Weltkulturerbe. Es gibt aber eine weitere Seite der Stadt: Seit Mitte des 20. Jahrhunderts ziehen vor allem

Menschen aus den Regenwäldern und den Anden nach Lima, auf der Suche nach einem guten und sicheren Leben. Doch als Migranten können sie nur schwer Fuß fassen, finden oft weder Arbeit noch bezahlbare Wohnungen. Sie siedeln am Rande der Stadt. Immer mehr „pueblos jovenes", informelle Siedlungen, entstehen in der Peripherie Limas. In diesen Elendsvierteln wohnen die Menschen in einfachen Bretterbuden, meist ohne Zugang zu fließendem Trinkwasser oder Strom. Nach der Zuwanderung in die Metropole leben die insgesamt sieben Millionen Bewohner in den pueblos jovenes am Rande des Existenzminimums.

Tupac Amaru – benannt nach dem letzten Inka, der im Jahr 1572 geköpft wurde – ist ein solches Elendsviertel am südöstlichen Stadtrand Limas. Aber anders als die übrigen Slums ist es direkt über einem riesigen Mumienfriedhof entstanden. Die Ausgrabung des Inka-Friedhofes sorgte weltweit für Schlagzeilen. Die Archäologen bargen Tausende Mumien. Dafür hatten sie lediglich zehn Wochen Zeit, bevor Bauarbeiter kamen, um Leitungen im Boden zu verlegen. Tupac Amaru ist jetzt mit Wasser und Elektrizität versorgt – der nicht ausgegrabene Teil des Inka-Friedhofes dagegen endgültig verloren.

Für Forscher stellt der Mumien-Friedhof Puruchuco-Huaquerones einen einzigartigen Fundkomplex dar. Dennoch birgt er eine Tragik, die eng mit der Geschichte des Elendsviertels zusammenhängt. Auf der Flucht vor Guerillakämpfen im Hochland ließen sich im Jahr 1989 rund 340 Familien an diesem Ort nieder. Archäologen vermuteten bereits zu diesem Zeitpunkt einen Friedhof an jener Stelle, doch sie konnten die Besiedlung nicht verhindern. Innerhalb der nächsten zehn Jahre wuchs Tupac Amaru rasch auf 1200 Familien an. Unmengen von Abwasser versickerten im Boden. Nachdem die trockene Erde die Mumien jahrhundertelang in konserviertem Zustand erhalten hatte, fingen sie jetzt an, innerhalb kürzester Zeit zu verwesen. Um wenigstens einen Teil des Friedhofes zu retten,

Am Stadtrand von Lima gruben Archäologen den zweitgrößten Inka-Friedhof von Peru aus.

war schnelles Handeln gefragt. Von 1999 bis 2000 untersuchte ein Forscherteam das Gebiet. Dabei wurden erstmals die wahren Dimensionen des Friedhofes deutlich: Tausende Gräber schienen unter der Erde zu liegen. Mit insgesamt acht Hektar gilt Puruchuco-Huaquerones als der bislang zweitgrößte ausgegrabene Friedhof der Inka.

Im Jahr 2002 fand dann die eigentliche Freilegung statt. Für die Archäologen war es ein Wettlauf mit der Zeit. Zehn Wochen blieben ihnen, um so viele Funde wie möglich zu bergen. Danach sollten Rohre und Leitungen verlegt werden, um den Anwohnern endlich das zu geben, was ihnen so dringend fehlte: frisches Wasser und Strom. Abgesehen vom Zeitdruck kam erschwerend hinzu, dass die Archäologen nur auf Straßen und anderen freien Flächen arbeiten konnten, wie beispielsweise auf dem Schulhof in Tupac Amaru. Trotz all dieser Einschränkungen erreichten sie ein beachtliches Ergebnis. Rund 2200 Mumien – Individuen aus allen Altersgruppen und Schichten, innerhalb eines Zeitraums von 75 Jahren begraben – legte das Forscherteam frei.

Die Bedingungen für die Grabungen im Slum waren alles andere als einfach. Bis heute ist Lima mit Wassermangel konfrontiert. Die Bewohner der pueblos jovenes trifft das am härtesten. Wasser wird in großen Tanklastern geliefert. Woher es stammt, ist oft nicht klar. Selbst wenn es durch Sand gefiltert und abgekocht wurde, kann es mit Rückständen von Schwermetallen kontaminiert sein. Da sie von dem Wasser getrunken hatten, litten viele Archäologen während der Grabung an Bauchschmerzen, Hautausschlägen und Infektionskrankheiten – an all dem, womit die Bewohner von Tupac Amaru seit Jahren zu kämpfen hatten.

Die Siedler beobachteten die Grabungen in ihrem Viertel zum Teil mit Faszination und Neugier. Gleichzeitig gaben die freigelegten Mumien ihnen ein Gefühl des Unbehagens. Letztendlich aber unterstützten die Bewohner die Wissenschaftler bei ihrer Arbeit, in der Hoffnung, von der Regierung endlich Grundbesitzrechte und die nötige Infrastruktur zu erhalten. Sie standen Wache an den offenen Gräbern und sammelten sogar Geld, um bei der Finanzierung der Grabung mitzuhelfen.

Die Mumien stammen aus einer Zeit, in der die Spanier innerhalb weniger Jahrzehnte das größte aller Indianerreiche zerschlugen. Das jähe Ende der Inka-Kultur geht auf einen Mann zurück: Francisco Pizarro. Der Konquistador zog in die Neue Welt und scheute keine Mühen, um Ruhm und Reichtum zu erlangen.

Als unehelicher Sohn in den 1470er Jahren in Trujillo geboren, hatte Pizarro mit Ende 30 Spanien den Rücken zugekehrt. Er ließ sich in der Region des heutigen Panama nieder. Pizarro wurde bald Bürgermeister von Panama-Stadt und Teilhaber einer Goldbergwerksgesellschaft. Er besaß Farmen, auf denen Indianer ihm Frondienst leisteten. Er erwarb sich ein kleines Vermögen. Eigentlich hatte er viel erreicht und hätte seinen Wohlstand in vollen Zügen genießen können. Doch das reichte Pizarro nicht. Er wollte sich durch Erkundungen und Entdeckungen unvergesslich machen. Immer wieder nahmen spanische Expeditionsgruppen unglaubliche Entbehrungen auf sich. Und der Aufwand schien sich offenbar zu lohnen: Kurz bevor Pizarro seine erste eigene Expedition unternahm, hatte der Konquistador Hernando Cortés das Reich der Azteken niedergeschlagen. Solche Berichte müssen Pizarro in seinem Wunsch bestärkt haben, unbekanntes Land zu erkunden und Gold zu finden.

Und so startete er 1524 seine erste Entdeckungsfahrt. Mit 80 Mann und vier Pferden brach er auf in Richtung des heutigen Peru. Er hatte dieses Ziel ausgewählt, weil in Panama-Stadt die Erzählungen eines Seemanns in Umlauf waren, dass eben dort ein riesiges Goldreich liegen müsse. Doch die erste Reise endete völlig

enttäuschend. Statt Gold fand Pizarro nichts weiter als Mangroven-
sümpfe voller Insekten.

Erfolglos, jedoch nicht hoffnungslos, kehrte er zurück nach
Panama und suchte Geldgeber, um einen neuen Versuch zu finan-
zieren. Auf seiner zweiten Reise, diesmal mit zwei Schiffen, 160
Mann und mehreren Pferden, landete der Spanier schließlich an der
Küste des heutigen Peru. Nach 18 Monaten kehrte er zurück nach
Hause – mit Gold, Lamas und Eindrücken von seinen ersten Begeg-
nungen mit den Einheimischen. Die Bewohner der Inka-Stadt Tum-
bes an der Küste hatten Pizarro willkommen geheißen. Er war durch
die Stadt spaziert und hatte mit seinen eigenen Augen die prächtigen
Gebäude einer offenbar reichen Kultur gesehen.

Wie die Spanier waren auch die Inka Eroberer. Zwischen dem 13.
und 16. Jahrhundert hatten sich die „heiligen Nachkommen der
Sonne" einen Staat geschaffen, der von Ecuador bis nach Chile und
Argentinien reichte. Tahuantinsuyo, das „Land der vier Teile", nannten die Inka dieses Gebiet. Mit 950.000 Quadratmetern Gesamtfläche war es größer als das Reich der Azteken. Rund 200 andere
indigene Völker hatten die Inka während ihrer imperialen Expansion
unterworfen. Ihr Staat unterlag einer strengen Verwaltung und war
in Provinzen aufgeteilt. Die eroberten Völker mussten Tribute und
Frondienst leisten. Um die Ressourcen des Landes möglichst gewinn-
bringend zu nutzen und den Tausch von Waren zu fördern, ließen
die Inka zahlreiche Völker zwangsumsiedeln – dorthin, wo sie für
die Landwirtschaft am dringendsten gebraucht wurden. So musste
keiner in der klimatisch, topografisch und vegetativ so unterschiedlichen Landschaft Hunger erleiden.

Auch wenn Pizarro auf seiner zweiten Reise noch nicht bis zum
Herzen des Inkareiches vorgedrungen war, kehrte er voller Euphorie
nach Panama zurück. Seine Eindrücke von den Einheimischen sowie

von deren technischen und künstlerischen Fertigkeiten ließen ihn erahnen, auf was er bei weiteren Erkundungen in diesem Land stoßen würde: eine mindestens ebenso hochentwickelte Kultur wie die der Azteken, von deren Eroberung er sich Ruhm und Reichtum versprach. Kaum in Panama-Stadt angekommen, begab er sich sogleich weiter nach Spanien, um König Karl V. von seinem Eroberungsplan zu überzeugen. Pizarro berichtete von seinen Erlebnissen, zeigte ihm dabei peruanische Töpferwaren, aufwendige Stickereien und natürlich Gold. Seine Argumente überzeugten. Karl V. erteilte Pizarro die Erlaubnis, das fremde Land zu entdecken und zu erobern. Mit der Unterstützung des Königs und einer Mannschaft von 160 Männern begab sich Pizarro Ende des Jahres 1530 auf seine dritte Reise in das ihm nicht mehr ganz so unbekannte Land.

Diesmal startete Pizarro seine Expedition im Norden des heutigen Ecuador. Zunächst marschierten die Spanier mehrere Monate an der Küste bis nach Tumbes, wo Pizarro sich bereits vier Jahre zuvor aufgehalten hatte. Das Erscheinungsbild der Stadt hatte sich mittlerweile stark verändert. Die einst so prächtigen Gebäude lagen in Trümmern, die Einwohner waren geflohen. Der Bürgerkrieg zwischen Atahualpa und Huáscar, den Söhnen des wenige Jahre zuvor verstorbenen Inka-Königs Huayna Cápac, hatte seine Spuren hinterlassen. Das Reich der Inka drohte zu zerfallen.

Die Situation hätte für Pizarro nicht günstiger sein können. Von Tumbes aus bewegte sich die Expeditionstruppe ins Landesinnere. Auf ihrem Weg führten sie ständige Kämpfe gegen die Indianer. Gleichzeitig trafen sie aber auch Völker, die wegen des Bürgerkrieges bereit waren, sich mit den Fremden gegen die herrschenden Inka zu verbünden.

Auf der Reise benutzten die Spanier die Straßen der Inka, die das ganze Land durchzogen. Trampelpfade, eingemauerte Straßen und Brücken aus Baumstämmen führten durch alle noch so einsamen und entlegenen Regionen des Reiches: menschenleere Wüsten, steiles Gebirge und feuchte Sumpfgebiete. Insgesamt maß das Straßennetz der Inka 40.000 Kilometer und bestand aus zwei Hauptstraßen, die durch viele Querstraßen miteinander verbunden waren. Eine Hauptstraße reichte von Cuzco nach Quito mit einer Länge von 5200 Kilometern, die andere Hauptstraße verlief parallel dazu an der Küste und war 4000 Kilometer lang. Auf den Straßen gelangten Kuriere in alle Gebiete des Reiches und konnten wichtige Nachrichten auf schnellstem Wege der Inka-Führung überbringen. Und das zu Fuß – denn die Inka kannten weder das Rad noch Pferde.

Auf dem Weg erfuhr Pizarro von Einheimischen, dass sich König Atahualpa in der Bergstadt Cajamarca aufhielt. Der Spanier beschloss einen waghalsigen Schritt. Mit seiner kleinen Streitmacht wollte er so schnell wie möglich dem Inka-Herrscher begegnen – und ihn besiegen. Die genaue Route der Spanier ist nicht überliefert. Sicherlich kamen sie jedoch an den gepflegten Feldern der Inka vorbei, die terrassenförmig an steilen Berghängen lagen. Ebenso wenig wie das ausgefeilte Straßennetz hatten die Spanier eine solch fortschrittliche Bewirtschaftung des Landes erwartet.

Der Aufstieg in die kahlen Berge schien kein Ende zu nehmen. Bald erreichten sie 3300 Meter, dann schon 4300 Meter Höhe. Die Spanier gewöhnten sich nur schwer an die dünne Bergluft, waren ständigem Wind und eisigen Temperaturen ausgesetzt. Viele von Pizarros Anhängern litten an der Höhenkrankheit. Gleichzeitig dachten sie nervös an die bevorstehende Begegnung mit dem ihnen unbekannten Herrscher. Dass sie hier oben an keinem Pass von Indianern aufgehalten wurden, erweckte in ihnen nur Misstrauen. Schließlich trafen die 160 in Cajamarca ein, wo sich Atahualpa mit Tausenden Soldaten aufhielt. Der König zeigte sich bereit, die Fremden friedlich zu empfangen. Wahrscheinlich fühlte er sich inmitten seiner Truppen sicher – so sicher, dass seine Soldaten sogar unbewaffnet waren. Sein argloses Verhalten wurde ihm und einem ganzen Volk zum Verhängnis. Mit Gewehren und Schwertern setzten die Spanier zum Angriff an. Es begann ein fürchterliches Gemetzel. Nach kürzester Zeit besiegte Pizarro die wehrlosen Indianer, wobei viele bereits in einer Massenpanik zerquetscht oder von Pferdehufen zu Tode getrampelt worden waren.

Pizarro ließ Atahualpa gefangen nehmen. Schnell glaubte dieser zu wissen, weshalb die Fremden gekommen waren. Unglaubliche Mengen an Gold und Silber sollen auf sein Geheiß aus dem ganzen Reich zusammengetragen worden sein. 34 Tage lang brannten die Schmelzöfen, um das gesamte Metall einzuschmelzen. Atahualpas Hoffnung, sich mit seinem Reichtum freikaufen zu können, wurde jedoch bitter enttäuscht: Wegen eines angeblichen Aufstandes verurteilten die Spanier ihn zum Tode. Zwar wollten sie Gold, vor allem aber wollten sie dauerhaft bleiben. Und so setzten sie ihre Entdeckungszüge fort. Nur noch wenige Jahrzehnte dauerte es, bis sie das gesamte Inkareich erobert hatten.

In dieser Zeit lernten die Spanier die Inka-Kultur immer besser kennen. Viele ihrer Beobachtungen hielten sie in ihren Schriften fest. Dennoch wissen wir heute aufgrund der einseitigen und größtenteils verzerrten Überlieferung nur wenig über die Inka. Während die spanischen Chronisten besonders von den Stadtanlagen und der monumentalen Architektur beeindruckt waren, vernachlässigten sie in ihren Berichten andere Aspekte der andinen Kultur. Auf ähnliche Weise stellten sie die Eroberungszüge und Kämpfe gegen die Indianer verzerrt dar, um die Spanier als heroische Kämpfer zu präsentieren und dadurch die Konquista zu legitimieren. Quellen aus der Perspektive der Inka gibt es vergleichsweise wenig, denn sie kannten keine Schrift. Und so musste die Wissenschaft bislang ausschließlich mit den Berichten der spanischen Chronisten arbeiten.

Eben aus diesem Grund glich die Entdeckung des Mumien-Friedhofes einer Sensation. Mithilfe der archäologischen Ergebnisse konnte die einseitige Perspektive in den schriftlichen Quellen durch neue Informationen ergänzt werden.

Die Mumien stammen aus der Epoche des Späten Horizonts (1438 bis 1532) – einer Zeit des Wandels in Peru, als die Spanier das Land eroberten. Die Funde zeigen, mit welchem Respekt die Inka ihre Toten behandelten. Nicht ohne Grund, denn sie glaubten, dass die Seelen der Verstorbenen mit den Lebenden in Verbindung bleiben. Die Archäologen legten allein unter dem Schulhof von Tupac Amaru mehr als 120 Mumienbündel, sogenannte „falsas", frei. Von der Achtung für ihre Toten zeugte insbesondere eine Mumie. Sie wurde in 135 Kilogramm Baumwolle gebettet, welche die Archäologen wochenlang auseinander zupfen mussten. Innen fanden sie neben einem erwachsenen Toten den Leichnam eines Kindes, Nahrungsmittel, Keramik und Tierfelle. Exotische Federn, eine Keule und Muschelschalen weisen auf den einstigen hohen Rang des Verstorbenen. Bei den Untersuchungen der Funde könnten noch viele weitere Erkenntnisse dazukommen.

Im Jahr 2007 kam es dann zu einem weiteren spannenden Fund im Erdboden Limas. In nächster Nähe zum Mumien-Friedhof legten die Archäologen ein Gräberfeld mit 72 Toten frei. Diese waren ohne Grabbeigaben in einfache Tücher gewickelt und offenbar hastig in geringer Tiefe begraben worden. Abgesehen von der fehlenden traditionellen Bestattungsform wiesen die Skelette teilweise schlimmste Verletzungen auf: Viele Knochen waren zerhackt und aufgespießt. Die meisten der hier Bestatteten waren mit Keulen und Speeren, den typischen Waffen der Indianer, getötet worden. Den Forschern fielen außerdem mehrere Individuen mit Verletzungen auf, die von Stahlwaffen stammen mussten. Vor allem eines der Skelette zog dabei die Aufmerksamkeit auf sich. Es hatte Löcher im Kopf, die verdächtig nach Einschusslöchern aussahen. Forensiker untersuchten den Schädel und entdeckten winzig kleine Eisenpartikel. Damit lieferten sie den Beweis, dass der Tote von einer Gewehrkugel getroffen worden war. Eine sensationelle Entdeckung, denn es handelt sich um das bislang älteste bekannte Opfer in der Neuen Welt, das von Spaniern erschossen wurde. Die Wissenschaftler vermuten, dass die Entstehung des Gräberfeldes in den Sommer des Jahres 1536 datiert – als die Inka sich gegen die Spanier auflehnten.

Nach dem Tod Atahualpas war Pizarro mit seiner Verstärkung nach Cuzco marschiert, Hauptstadt und Gründungsort der Inka-Dynastie. Die Eroberung des Reiches ging in großen Schritten voran. Doch die Inka wehrten sich: Im Jahr 1536, vier Jahre nach dem spanischen Einfall in Cajamarca, hatten sie genügend Männer mobilisiert, um zwei Aufstände auszuüben – gegen Cuzco und gegen die Stadt Ciudad de los Reyes (das spätere Lima), die erst ein Jahr zuvor von Pizarro gegründet worden war.

Wieder sind es ausschließlich spanische Quellen, aus denen wir heute lesen können, wie sich der Aufstand angeblich zugetragen hat. Die Chronisten erzählen die Geschichte eines heroischen Kampfes weniger Spanier gegen eine große Überzahl von Inka. Die jüngsten Funde in Puruchuco präsentieren jedoch ein anderes Bild der Ereignisse. An dieser Stelle kämpften offensichtlich indigene Völker gegen Spanier – aber auch gegen andere indigene Völker. Denn nur drei der Individuen wurden mit geschmiedeten Waffen getötet, die restlichen mit Waffen, die ausschließlich Indianer im Kampf benutzten. So wurde mit der Entdeckung des Gräberfeldes eine weitere verzerrte Berichterstattung der spanischen Chronisten aufgedeckt. Keineswegs standen wenige hundert Spanier einer riesigen Armee von Indianern gegenüber, wie es in den Dokumenten festgehalten wurde. Und sie gewannen auch nicht die Schlacht allein durch moderne Kampftaktik, Pferde und Stahlwaffen. Tatsächlich unterstützte eine große

Anzahl indianischer Verbündeter die Spanier im Kampf. Denn die meisten Toten des Gräberfeldes waren an Verletzungen durch indianische Waffen gestorben.

Die Spanier eroberten das Inka-Reich in nur wenigen Jahrzehnten. Gegen die von ihnen eingeschleppten Epidemien konnte sich die andine Kultur nicht wehren. Stahlwaffen und Pferde boten den Spaniern zwei große Vorteile auf ihrem Eroberungszug. Einen wichtigen Aspekt haben die spanischen Chronisten jedoch verschwiegen, die archäologischen Ausgrabungen in Lima dagegen aufgedeckt: die vielleicht entscheidende Rolle der indianischen Verbündeten in der Schlacht vor Lima und im Kampf um die Neue Welt.

Mexiko-Stadt

Coyolxauhqui will ihre Mutter Coatlicue töten. Die Göttin hat sich von einem Federball schwängern lassen – eine Schande in den Augen der Tochter. Sie hetzt ihre 400 Brüder gegen die Mutter auf. Gerade noch rechtzeitig gebärt Coatlicue ihren jüngsten Sohn: Huitzilopochtli. Kaum ist er dem Schoß seiner Mutter entsprungen, greift er, bereits voll bis an die Zähne bewaffnet, seine Brüder an, tötet oder vertreibt sie. Vor allem mit seiner Halbschwester geht Huitzilopochtli nicht eben zimperlich um: Er zerschmettert Coyolxauhqui mit einer solchen Wucht, dass die Teile ihres Körpers in alle Richtungen fliegen.

Obwohl seine Geschwister schon lange vor ihm da waren, behauptet sich der Nachzügler unter den Göttern der Azteken gegen sie alle. Auch die Azteken kamen erst sehr spät in das Hochtal von Mexiko, setzten sich gegen alle übrigen Völker durch und brachten in nur 100 Jahren weite Teile des heutigen Zentralmexikos unter ihre Kontrolle. Der Mythos um den Stammesgott Huitzilopochtli spiegelt die Gründung des Aztekenreiches wider.

Mitten im Zentrum von Mexiko-Stadt stehen die Ruinen des Templo Mayor.

Im Jahr 1978 fanden Elektriker unter dem Zentrum von Mexiko-Stadt rein zufällig eine im Durchmesser drei Meter große Steinplatte. Auf ihr ist die zerstückelte Göttin Coyolxauhqui abgebildet. In der Hoffnung, mehr Spuren der Azteken zu entdecken, begannen Archäologen, an derselben Stelle weiter zu graben. Neben zahlreichen einzelnen Objekten kamen Fundamente von Gebäuden zum Vorschein. Bald stellte sich heraus, dass sie zu den Ruinen einer riesigen Tempelanlage gehören, geschaffen für den Regengott Tlaloc und für Huitzilopochtli. Der sogenannte Templo Mayor bildete einst das Herz der aztekischen Hauptstadt Tenochtitlán.

Nach dem Sieg über die Azteken im 16. Jahrhundert zerstörten die spanischen Kolonialherren Tenochtitlán so konsequent, dass heute an der Oberfläche nichts mehr an diese Stadt erinnert. Nur im Untergrund konnten Spuren Tenochtitláns die Zeit der spanischen

Kolonialherrschaft überdauern – mitten im historischen Stadtzentrum, nahe dem heutigen Platz Zócalo. Nach vielen Jahrhunderten hatten die Archäologen eine fast vergessene Kultur jäh in die Erinnerung zurückgeholt.

Im August des Jahres 1521 war es vorbei. Geführt von dem Konquistadoren Hernando Cortés hatten die Spanier Tenochtitlán zuvor 90 Tage lang belagert. Dass indianische Hilfstruppen mit 300.000 Mann sie dabei unterstützten, war nicht überraschend: Die Azteken hatten sich in der Vergangenheit in fortlaufenden Kriegen viele Feinde unter ihren Nachbarn gemacht. Immer enger kesselten die Spanier die Azteken ein, drangen Meter für Meter vor, zerstörten Häuser im eroberten Terrain. Bis zum Schluss wehrten sich die Azteken erbittert. Sie errichteten Barrikaden, kämpften mit Pfeilen, Speeren, Steinschleudern und Holzschwertern. Doch alles ohne Erfolg, denn am 13. August durchbrachen die Spanier die Verteidigungslinien der letzten Bastion und besiegten die Azteken endgültig.

Alle Bauten, die den Krieg unbeschadet überstanden hatten, wurden von den Spaniern spätestens jetzt zerstört. Nichts mehr sollte an die altindianische Stadt erinnern. Kein Stein blieb auf dem anderen. Das zertrümmerte Tenochtitlán ließ Hernando Cortés mit Gebäuden der künftigen Hauptstadt des Vizekönigreiches Neuspanien überbauen. Auf den Fundamenten des aztekischen Herrscherpalasts befahl er, den neuen Regierungspalast hinzusetzen.

Über den Ruinen der Tempel im Zentrum entstanden während der Kolonialzeit viele Paläste und Residenzen, Klöster und Kirchen, die Kathedrale und die Universität. Die Spanier nannten ihre neue Stadt zunächst „Mexiko-Tenochtitlán". Unter ihr lag das eigentliche Tenochtitlán begraben und gehörte fortan der Vergangenheit an.

Mexiko-Stadt zählt heute zu den größten Metropolregionen der Welt. Nach dem Zweiten Weltkrieg stieg die Erdölproduktion um sechs

Prozent jährlich an. Ein rasantes Wirtschaftswachstum folgte und lockte Menschen aus dem ganzen Land an. Die Einwohnerzahl nahm rapide zu. Heute leben hier rund 20 Millionen Menschen. Die moderne Stadt ist mittlerweile so groß, dass sie nicht nur Tenochtitlán, sondern auch alle anderen vorspanischen Siedlungen in einem riesigen Umkreis bedeckt.

Neben den vielen Elendsvierteln, dem ständigen Smog und der hohen Kriminalitätsrate hat die Stadt mit einem weiteren Problem zu kämpfen: Sie versinkt kontinuierlich im Boden. Offensichtlich wird das zum Beispiel an sehr schief stehenden Kirchen. Die berühmte Kathedrale am Verfassungsplatz soll im letzten Jahrhundert rund sieben Meter abgesackt sein. Dass Mexiko-Stadt pro Jahr durchschnittlich 25 Zentimeter, an manchen Stellen sogar bis zu 50 Zentimeter sinkt, ist ein Problem, dessen Ursprung weit in der Vergangenheit zurückliegt. Denn Tenochtitlán lag einst mitten in einem See.

Die Azteken glaubten, von dem mythischen, auf einer Insel gelegenen Ort Aztlán abzustammen. Von dort führte sie ihr Stammesgott Huitzilopochtli in das Tal von Mexiko. In dieser Gegend lebten bereits die Otomih, Mixteken, Totonaken und viele andere Stämme. Als Siedlungsraum blieben den Azteken nur noch die Ufersümpfe und Inseln im Texcocosee. Auf einer solchen kleinen Insel ließen sie sich schließlich nieder – mitten in dem salzigen und abflusslosen Gewässer, auf 2000 Meter Höhe, umgeben von Vulkanen und anderen Bergen. Hier gründeten sie Tenochtitlán. Einer Legende zufolge hatten sie die Stelle erwählt, an der sie einen Adler beobachtet hatten, der auf einem Kaktus mit einer Schlange kämpfte. Bis heute ist dieses Bild auf der mexikanischen Flagge zu sehen.

Von hier aus führten die Azteken zahlreiche Feldzüge. Sie machten viele Gebiete bis hin zur Golfküste und nach Guatemala im Laufe der Jahrzehnte tributpflichtig. Von den Steuereinnahmen errichteten sie in ihrer Stadt prächtige Tempel, Paläste und Pyramiden. Drei breite gepflasterte Straßen auf Dämmen verbanden Tenochtitlán mit dem Festland. Ein zehn Kilometer langer Deich verringerte die Gefahr, dass die Stadt bei starkem Regen vom See überschwemmt würde. Auch für den Süßwassermangel fanden die Azteken bald eine Lösung: Ähnlich einem römischen Aquädukt bauten sie eine 13 Kilometer lange Wasserleitung zum Hügel Chapultepec, um frisches Trinkwasser von dort nach Tenochtitlán zu leiten. Nach der Eroberung und Zerstörung der altindianischen Stadt begannen die Spanier, den See trockenzulegen, um mehr

Steinplatte mit einer Darstellung der Göttin Coyolxauhqui.

Land zu gewinnen. Gleichzeitig nutzten sie nun das Grundwasser zur Versorgung der Stadtbewohner.

Das hat sich bis heute nicht verändert: Zwei Drittel des Leitungswassers besteht aus Grundwasser. Die Folgen sind verheerend. Der weiche Boden unter der Stadt trocknet immer stärker aus. Es kommt zu Absenkungen – so stark, dass sich der Abstand zwischen Häusern und Leitungsrohren merklich verändert hat. Dieser Prozess zerstört zum einen die Rohre und kehrt zum anderen das Gefälle in der Kanalisation um. Abwasser dringt nach oben oder durch die beschädigten Rohre nach außen, vermischt sich dabei mit dem sauberen Wasser in undichten Trinkwasserleitungen. Weil der Grundwasserspiegel weiter sinkt, sind die Stadtbewohner mittlerweile abhängig von Wasser, das aus 150 Kilometer entfernten Regionen stammt. Mit verschiedenen Projekten, wie dem Bau eines neuen Abwassersystems, versucht die Stadt, dieses Problem zu lösen.

Verhältnismäßig kurz, dafür aber äußerst intensiv war die Herrschaft der Azteken. Erst zwischen 1320 und 1350 ließen sie sich im Hochtal von Mexiko nieder. 200 Jahre später war Tenochtitláns Untergang bereits besiegelt. Die Azteken lebten zunächst als Vasallen der Tepaneken, deren wichtigste Stadt Tlacopan am westlichen Ufer des Texcocosees lag. Heiratsverbindungen mit Nachbarstädten stärkten den politischen Einfluss der Azteken zunehmend. Nach dem Sieg über die Tepaneken schlossen Tenochtitlán, Taclopan und Tetzuhco, ein Stadtstaat der Acolhua, eine politisch-wirtschaftliche Allianz. Im Jahr 1473 kam die benachbarte Stadt Tlatelolco unter die Verwaltung von Tenochtitlán und beide Städte bildeten fortan eine Doppelstadt. Mit dem Dreibund, in dem Tenochtitlán schon bald den Bündnispartnern vorstand, konnten die Azteken ihr Reich ausdehnen. Dabei ging es ihnen primär um die wirtschaftliche Ausbeutung, weniger um die direkte politische Herrschaft über die eroberten Gebiete. Mit Tributzahlungen und Handel vermehrten sie ihren Besitz. Bis Anfang des 16. Jahrhunderts erstreckte sich das Aztekenreich vom Pazifik bis zum Golf von Mexiko. Zwar war das Reich der Inka flächenmäßig größer, doch das Aztekenreich war bevölkerungsreicher.

Als die Spanier im Jahr 1519 im Hochtal von Mexiko eintrafen, lag vor ihnen eine Stadt mit 100.000 bis 200.000 Einwohnern. Tenochtitlán war so groß und urban wie keine andere Stadt in der Neuen Welt. Hier gab es Süßwasserleitungen, drei Hauptdammstraßen zum Festland, Paläste, Pyramiden, Magazine, Gästehäuser und eine Bootsanlegestelle. Ein großer Deich trennte das Brackwasser des Texcocosees vom Süßwasser. Auf künstlichen Inseln, den Chinampas, bauten die Stadtbewohner Grundnahrungsmittel wie Mais, Bohnen, Avocados und Süßkartoffeln an. Sehr beeindruckt waren die Spanier von den mehrstöckigen Häusern und dem Markt in Tlatelolco. Die Azteken betrieben einen ausgeprägten Fernhandel und ließen sich Luxusprodukte aus weit entfernten Gebieten liefern. Hernando Cortés zufolge kamen auf dem großen Markt täglich rund 60.000 Menschen zusammen, verkauften hier Nahrungsmittel, Gold, Silber, Muscheln, Edelsteine, Quetzalfedern, Kakao und auch Sklaven. Auf den vielen kleinen Kanälen transportierten die Stadtbewohner ihre Waren zu den Märkten.

Nach ihrem Sieg über die Azteken zerstörten die Spanier all das, was der altindianischen Kultur angehörte und was sie in ihren Berichten so fasziniert beschrieben hatten: ihre Märkte, ihre Tempel, ihre Paläste, ihre Wohnhäuser – und ihre Schriften. Regeln des religiösen Kultes und die Geschichte der Herrscher hatten die Azteken mit einer Bilderschrift und hieroglyphenartigen Zeichen in gefalteten Büchern aus Bast und Hirschleder festgehalten. Trotz der systematischen Vernichtung existieren einige dieser aztekischen Bücher bis heute. Allerdings nur in Form von Kopien.

Angesichts dieses Mangels an schriftlichen Quellen konnten die archäologischen Ausgrabungen Ende der 1970er Jahre endlich viele Lücken im Wissen über das Aztekenreich schließen. Tatsächlich handelte es sich bei der Steinplatte mit der Darstellung von Coyolxauhqui nicht um den ersten Fund unter Mexiko-Stadt. Schon im Jahr 1790 kam bei Planierungsarbeiten südlich der Kathedrale ein 24 Tonnen schwerer Kalenderstein aus Basalt an die Oberfläche. Wegen der darauffolgenden Bürgerkriege und Regierungswechsel war man jedoch nicht in der Lage, sich intensiver mit solchen Entdeckungen zu beschäftigen.

Während der 1940er Jahre und den Bauarbeiten an einer neuen U-Bahnlinie ab 1968 fanden nur vereinzelte Grabungen statt. Erst nach dem Sensationsfund im Jahr 1978 begannen Archäologen, die Reste des Templo Mayor erstmals systematisch freizulegen, wofür die Stadt sogar ganze Gebäude abreißen ließ.

Weltweit richtete sich nun die Aufmerksamkeit auf die archäologischen Untersuchungen im ehemaligen Tempelbezirk. Politiker wie Jimmy Carter und Margaret Thatcher, Schriftsteller wie Gabriel García Márquez und Toni Morrison besichtigten die Ausgrabungen. Selbst das Königspaar von Spanien ließ sich auf einem Besuch in Mexiko-Stadt die neuesten Funde vom Templo Mayor zeigen. Aber nicht nur berühmte Persönlichkeiten verfolgten die Arbeiten gespannt – vor allem die Mexikaner selbst erinnerten sich an diesen fast vergessenen Teil ihrer Geschichte. Manchmal beobachteten die Archäologen, wie Besucher auf die Steinplatte und bei anderen Fundstellen Blumen niederlegten, sich sogar hinknieten und liebevoll zu den Objekten sprachen. Die Mexikaner fühlten sich mit den Zeugnissen der altindianischen Kultur, die solange im Untergrund geruht hatten, auf einer sehr persönlichen Ebene verbunden.

Fünf Jahre lang dauerten die Freilegungen im Stadtzentrum. Hier lag einst der Tempelbezirk, in dem der Templo Mayor mit etwa 60

Metern Höhe alle anderen Heiligtümer überragte. Auf zwei nebeneinanderliegenden Pyramiden standen die beiden Schreine für die Götter Tlaloc und Huitzilopochtli. Weil der Templo Mayor gleich zwei Göttern geweiht war, gab es alle Bauelemente des Tempels doppelt: zwei nebeneinanderstehende Pyramiden und zwei Schreine, zu denen Treppen parallel aufstiegen. Am Fuß des Treppenaufgangs zum Schrein des Huitzilopochtli lag die Steinplatte mit dem Relief der zerstückelten Halbschwester des Gottes. Die Treppen endeten in Schlangenköpfen.

In dem ehemaligen Tempelbezirk fanden die Archäologen rund 8000 Artefakte, darunter einen Altar mit 240 in Stein gemeißelten Schädeln. Sensationell waren vor allem die über hundert Opfergaben: wertvolle Kunstwerke und Gegenstände wie Götterbilder, Ritualmasken und Perlen aus Jade. Sie lagen in Steinkisten, Kammern oder in einfachen Erdgruben eingebettet. Die hohe Anzahl der Opfergaben und ihre Verteilung an unterschiedlichen Orten auf dem Tempelareal hatten die Azteken ganz bewusst so gewählt, denn die Gegenstände sowie ihre jeweiligen Zusammenstellungen trugen Botschaften. Sie dienten als Mittel der Kommunikation zwischen Menschen und Göttern. Ganz besonders fiel den Archäologen die stilistische Vielfalt der Objekte auf, und dass viele von ihnen sogar in eine ältere Zeit datierten als das Aztekenreich. Dazu zählten zum Beispiel Schmuckstücke der Olmeken, ein damals schon längst untergegangenes Volk. Sie zeigen, dass die Azteken die Kunst alter Kulturen verwendeten.

Neben dem Ausgrabungsort liegt das Museo del Templo Mayor. Hier werden heute den Besuchern viele der entdeckten Gegenstände präsentiert.

Bei der Freilegung wurden zahlreiche Menschengebeine entdeckt. Die Azteken ehrten fast 200 Götter. Um die Ordnung im Kosmos zu erhalten, stand im Zentrum ihrer Religion der Opferkult. Dazu gehörten neben wertvollen Gegenständen auch Menschenopfer. Mit ihnen sicherten die Azteken das Bestehen der gegenwärtigen Welt. Deshalb führten sie regelmäßig „Blumenkriege". Bei solchen Kriegen beabsichtigten sie, möglichst viele Gefangene zu nehmen, um sie später anstatt der eigenen Angehörigen opfern zu können. Für den Gott Huitzilopochtli wurden ebenfalls Menschen getötet. Vor seinem Schrein auf dem Templo Mayor streckten die Priester das Opfer auf einer Steinplatte der Länge nach aus und hielten es an seinen Gliedmaßen fest. Sie schnitten ihm die Brust auf und rissen das noch pochende Herz heraus. Anschließend wurde der Leichnam von der Pyramide hinuntergestoßen und zerschmettert – so wie einst Huitzilopochtli seine Halbschwester zerstückelt und zerschmettert hatte. Der Gott verlangte zahlreiche Menschenopfer. Ständig floss frisches Blut, das die steilen Tempeltreppen erst rot, dann immer schwärzer färbte.

Die Entdeckung des Templo Mayor bewegte die Stadtbewohner sichtlich. Manche Besucher zeigten sich während der Grabungen empört darüber, dass die Archäologen unter dem Stadtzentrum nicht nach weiteren Relikten der Azteken suchen würden: Da unten seien doch schließlich die wahren Wurzeln der Mexikaner begraben.

Trotzdem werden viele Zeugnisse des Aztekenreichs weiterhin im Untergrund bleiben. Denn im Stadtzentrum befinden sich die monumentale Kathedrale, der Stadt- und der Nationalpalast – Bauten aus der Kolonialzeit, die alle unter Denkmalschutz stehen und nicht abgerissen werden dürfen. Für das Untertunneln dieser Gebäude sind die Bodenverhältnisse ungeeignet.

Unterschiedliche Epochen lassen sich eben nicht miteinander aufwiegen. Ihre Zeugnisse haben alle ein Daseinsrecht. Oder etwa nicht? In vielen Metropolen sind die Schichten der Vergangenheit so konzentriert aufeinander gelagert wie nirgendwo sonst. Nicht nur in Mexiko-Stadt, sondern auch in allen anderen Großstädten wird der Umgang mit ihnen in Zukunft eine Herausforderung bleiben.

7.

STADT UNTEN STATT OBEN

Sie könnten nicht gegensätzlicher sein, die Untergrundstädte von Montreal und Peking. In der einen ist es hell und behaglich warm, in der anderen dunkel, feucht und kalt.

Montreals Bewohner besuchen ihre Untergrundstadt auf der Suche nach Unterhaltung, Konsumgütern und Gesellschaft. Hier unten können sie Stunden, Tage verbringen, ohne dass es ihnen an etwas fehlt. In die Untergrundstadt Pekings wird sich dagegen keiner mehr so schnell verirren. Einst sollte sie Schutz vor einem Atomkrieg bieten. Mit Schlafsälen, Geschäften und Schulräumen wären die Menschen mit allem versorgt gewesen, was man zum Leben braucht. Doch der befürchtete atomare Angriff trat nie ein. Die Untergrundstadt verlor ihren Nutzen. Manche Bereiche wurden in moderne Einkaufshäuser umgewandelt, der Großteil der Stadt jedoch komplett verriegelt. Während Massen von Menschen tagtäglich Montreals Untergrund besuchen, liegen unter Peking verlassene, gespenstische Anlagen, deren Dimension niemand so wirklich kennt.

Montreal

Die „Unterwelt" als solche verbinden die meisten Menschen mit Dunkelheit, Kälte, Feuchtigkeit und Stille. In Metropolen dient sie als Schutzraum, Vorratslager, Grabkammer oder als Teil des Verkehrsnetzes. Gleichzeitig lässt sich unter der Erde Vieles verstecken oder beseitigen. Egal, auf welche Weise die Menschen den Untergrund nutzen – sein morbider, furchteinflößender und kühler Charakter geht dabei nur selten verloren. Unter der Oberfläche ist es klamm. Die Luft ist schlecht. Natürliches Licht fehlt sowieso. Räume im Untergrund sind rein funktional, man bleibt dort nicht länger als nötig. Nicht so in Montreal.

Wenn sich ein Bewohner in der zweitgrößten Stadt Kanadas zu Hause langweilt, wenn er einen Freund besuchen, neue Schuhe kaufen oder einfach nur entspannen will, dann zieht es ihn in den Untergrund. Er schwingt sich in sein Auto, fährt ins Stadtzentrum, parkt in einer Garage. Von dort führt ihn eine von vielen Rolltreppen mehrere Meter tief. Und dann steht er mitten in der Hektik einer Großstadt, zwischen Geschäften und Restaurants. Angenehm kühl ist es hier im Sommer, behaglich warm im Winter. Letzterer kann in Montreal bei oft gefühlten Minus 30 Grad nämlich ganz besonders kalt und frostig sein. Regelmäßig werden Straßen und Bürgersteige innerhalb kürzester Zeit unter meterhohen Schneebergen begraben.

Aber das interessiert den Stadtbewohner herzlich wenig, wenn er unabhängig von der Jahreszeit im warmen Bauch der Stadt spazieren geht. In großen Höfen mit verglasten Dächern kann er sich in Cafés oder auf Sitzbänken zwischen Wasserfontänen und Buchsbäumen ausruhen und das Treiben um sich herum beobachten. Und hat der Montrealer genug vom Sitzen und Kaffee trinken, ist das noch lange kein Grund für ihn, wieder an die Oberfläche aufzutauchen. Stattdessen nutzt er einen der vielen abzweigenden Gänge, die ihn an weiteren Geschäften vorbeiführen, in Richtung Metro oder zu anderen Einkaufshäusern. Selbst wenn er zu seinem Arbeitsplatz, in die Universität oder zur Kirche gehen will, liegt der kürzeste Weg höchstwahrscheinlich im Untergrund.

Die Untergrundstadt von Montreal hat viele Namen: „Ville Intérieure", „Indoor City" oder auch einfach „RÉSO". Ohne einen genauen Plan zu verfolgen, haben Architekten und Stadtplaner es innerhalb von 45 Jahren geschafft, ein 32 Kilometer langes Tunnelsystem zu entwickeln. Unter dem Asphalt von Montreal glitzert und leuchtet es – von Finsternis oder Kälte weit und breit keine Spur.

Das, was seit den 1960er Jahren unter Montreal entstanden ist, hat Ähnlichkeit mit den Wurzeln einer Pflanze. Die Untergrundstadt besteht aus einem komplexen Geflecht aus Korridoren, Arkaden und Innenhöfen. Es vernetzt nicht weniger als 66 Gebäudekomplexe miteinander: Kaufhäuser mit Büros und Wohnungen, Banken und Boutiquen, Bistros und Cafés. Anfangs noch sehr klein, unterhöhlte das Tunnelsystem im Laufe der Jahrzehnte viele Bereiche des Stadtzentrums. Heute ist es mit zwölf Quadratkilometern Fläche genauso groß wie die gesamte oberirdische Innenstadt Montreals. Mehr als 500.000 Menschen nutzen täglich das Labyrinth der Tunnel. Metrostationen, 1600 Wohneinheiten und 10.000 Parkplätze bieten direkten Zugang zur Untergrundstadt. 80 Prozent der innerstädtischen Bürofläche und 35 Prozent des Einzelhandels sind an das Tunnelsystem angeschlossen. Der Name „Untergrundstadt" ist dabei nicht ganz zutreffend, da etwa die Hälfte an der Oberfläche liegt. Auf welcher Ebene sie sich gerade befinden, ist den Menschen hier drin jedoch ohnehin nicht ständig bewusst. Und es ist auch nicht relevant. Der Zweck der Untergrundstadt war es von Anfang an, die Grenzen zwischen oberer Stadt und Unterwelt verschwimmen, wenn möglich ganz verschwinden zu lassen. Dass die Ville Intérieure den Stadtbewohnern Schutz vor den eiskalten Wintern und den heißen Sommern in Montreal bietet, ist eine angenehme Begleiterscheinung, aber nicht der eigentliche Grund für ihre Entstehung. Ursprünglich wollten die Stadtplaner den Bewohnern von Montreal die Wege verkürzen und erleichtern. Und dabei sollten sie sich erholen und Einkäufe erledigen – ganz bequem und ungestört.

Anfang des 20. Jahrhunderts zogen immer mehr Menschen nach Montreal. Die Infrastruktur der Stadt ließ sich nur schwer der hohen

Fußgängertunnel der unterirdischen Einkaufsstadt von Montreal.

Migration anpassen und erweitern. Das galt vor allem für das Zentrum Montreals: Die zwölf Quadratkilometer große Fläche wird von der Nordseite durch den Mont Royal und von der Südseite durch den Sankt-Lorenz-Strom begrenzt. Wegen dieser natürlichen Grenzen konnte sich die Innenstadt nicht weiter ausdehnen. Um dennoch den Bedürfnissen der vielen neuen Zugezogenen gerecht zu werden, planten die Urbanisten Siedlungen am Stadtrand. Dort gab es genügend Platz, um Büro- und Wohngebäude zu errichten. Während die neuen Vororte zunehmend belebter wurden, rückte das eigentliche Zentrum ins Abseits. Die Gestaltung der Innenstadt wurde vernachlässigt und ihre Entwicklung stagnierte.

Dass das Zentrum unattraktiver wurde, lag auch daran, dass in den 1920er Jahren eine 22 Hektar große Fläche in der Innenstadt zum Schienennetz der Canadian National Railways (CNR) gehörte. Die riesige Furche der Eisenbahngleise im Herzen Montreals bot alles andere als einen schönen Anblick. Die Stadt suchte nach Ideen und Projekten, um die hässliche Wüste aus Gleisen verschwinden zu lassen. Als einzige Lösung kam infrage, das Schienennetz an dieser Stelle zu überbauen. Der Place Ville-Marie war das erste Bauprojekt, mit dem man dieses Ziel verfolgte. Im Jahr 1962 entstand der damals höchste Wolkenkratzer Kanadas zusammen mit einem unterirdischen Einkaufszentrum. Von diesem führte ein Tunnel zum Hauptbahnhof und zum Queen Elizabeth Hotel, das ebenfalls gebaut worden war, um die Schienen der Eisenbahn zu verstecken.

Verschiedene Personen hatten die Fäden beim Bau des Place Ville-Marie in der Hand. Der damalige Bürgermeister Jean Drapeau setzte sich für das Projekt ein. Der private Bauunternehmer William Zeckendorf kümmerte sich um die Finanzierung. Die beiden Architekten Ieoh Ming Pei und Henry Cobb gestalteten die neuen Räume. Doch als die eigentlich treibende Kraft für das Geflecht, das in den folgenden Jahrzehnten unter Montreal entstehen sollte, gilt der Urbanist Vincent Ponte. Er manifestierte seine Vision: Der Place Ville-Marie würde der Keim einer Untergrundstadt werden, die dem Herzen Montreals wieder Leben einhauchen sollte.

Vincent Ponte hatte an der Harvard Graduate School of Design studiert. Von 1959 bis 1963 arbeitete er bei der bekannten Immobilienfirma Webb & Knapp. Bald entdeckte Ponte, dass er mehr Begabung für die Stadtplanung als für die Architektur in sich trug. Beunruhigt stellte er fest, dass Firmen und Geschäfte die Innenstadt Montreals verließen. Seiner Überzeugung nach sollten aber Politik, Banken und Geschäfte im Stadtzentrum verankert bleiben – ganz im Sinne des Mottos: „Downtown is where the action is". Um den Exodus der innerstädtischen Wirtschaft aufzuhalten, konzipierte der Urbanist sein Modell einer mehrstufigen Stadt. Fußgänger- und Verkehrswege sollten auf getrennten Ebenen liegen. Um die verstopfte Innenstadt zu entlasten, müssten Parkplätze und Geschäfte in den Untergrund verlagert werden.

Wie viele andere Städteplaner im Nordamerika der 1950er Jahre fand Vincent Ponte Inspiration in den Zeichnungen Leonardo Da Vincis wie auch in dessen ganzer Person: die Verkörperung von Wissenschaftler, Künstler und Unternehmer zugleich. Der wirtschaftliche Aspekt, die Zusammenarbeit zwischen Stadt und Privatwirtschaft, aber auch die architektonische Gestaltung hielten Vincent Ponte und die übrigen aktiven Beteiligten für unverzichtbare Faktoren. So war die Stadt von Anfang an daran interessiert, Grundeigentümern die Ville Intérieure schmackhaft zu machen. Entgegen kam ihr dabei eine Gesetzeslücke: Im Gegensatz zu anderen Städten wurde der Raum unter der Oberfläche nicht in das Geschossflächenverhältnis mit einberechnet. So konnten Grundeigentümer Geschäfte und Büros mit direktem Zugang zum Tunnelsystem bauen, ohne dafür auf Gebäudehöhe verzichten zu müssen. Ihnen stand mehr Fläche zur Verfügung und damit auch mehr Profit.

Die Eröffnung des Place Ville-Marie im Jahr 1962 war der Beginn zweier ereignisreicher Jahrzehnte, die Montreal bevorstehen sollten. Das hatte die Stadt vor allem ihrem Bürgermeister Jean Drapeau zu verdanken, der sich während seiner beiden Amtszeiten für mehrere Großprojekte und Veranstaltungen stark machte. So ist der Bau der Metro maßgeblich auf sein Engagement zurückzuführen. Als die Stadt im Jahr 1966 die ersten beiden U-Bahnlinien in Betrieb nahm, verbanden verschiedene Tunnel die Station Bonaventure unter anderem mit dem Hauptbahnhof und zwei Bürohäusern. Wie ein Katalysator beschleunigte die Metro die Entwicklung der Ville Intérieure. Die Stadt kaufte das Land auf, das in der Nachbarschaft der Haltestellen lag, und bot es auf dem Immobilienmarkt an. Den Meistbietenden wurden die jeweiligen Grundstücke verpachtet. Nun konnten die Pächter sich Räume in Gebäuden mit direktem Zugang zu den Metrostationen einrichten.

Im Jahr 1967 fand die Expo in Montreal statt – ein weiterer Grund für einen rasanten Bauboom in der Innenstadt. Viel gebaut wurde auch in den 1970er Jahren. Schließlich musste sich Montreal nun wiederum auf die Olympischen Spiele vorbereiten, die im Jahr 1976 hier stattfinden sollten. In dieser Zeit eröffnete das Complexe Desjardins mit Geschäftsräumen, einem Hotel und einem Kino. Der Lichthof ist so groß, dass hier regelmäßig umfangreiche Ausstellungen stattfinden. Auch die im Jahr 1969 gegründete Université du Québec à Montréal ist durch das Tunnelsystem mit der Metro verbunden.

Lange Zeit hatten Räume im Untergrund lediglich zu funktionieren: als Bunker, Keller oder Katakomben. In vielen aufstrebenden Metropolen des 20. Jahrhunderts – wie es das Beispiel Montreal eindrücklich zeigt – änderte sich das grundlegend. Es ging nicht mehr lediglich darum, den Untergrund funktional zu nutzen, sondern ihn auch bewusst zu gestalten. Montreals Untergrundstadt sollte nicht nur den Verkehr entlasten und Platz für Geschäfte bieten, sondern gleichzeitig eine Augenweide und ein Ort der Erholung sein.

Die Montrealer steigen gern unter die Oberfläche, um zur Arbeit oder nach Hause zu fahren, um Freunde und Bekannte zu treffen, mit ihnen gemeinsam einzukaufen oder eine Mahlzeit einzunehmen; um ins Kino, ins Theater oder in eine Kunstausstellung zu gehen. Denn während Touristen Metropolen besuchen, um hier das urbane, quirlige Leben zu genießen, sehnen sich Großstadtbewohner oft einfach nach Ruhe, um sich zu entspannen. Auch dafür ist die Untergrundstadt Montreals gedacht: Hier unten gibt es keinen anstrengenden, lauten Verkehrslärm. Nach Abgasen stinkt es auch nicht. Zu jeder Jahreszeit herrschen angenehme Temperaturen. Hier wird ganz besonders auf die Lebensqualität geachtet. Selbst die Verbindungstunnel zwischen den Einkaufszentren, Bahnhöfen und Metrostationen begreifen die Stadtplaner als soziale Räume, die nicht einfach nur funktionale Durchgänge sein sollen. Die Fußgänger rücken in den Fokus ihrer Aufmerksamkeit. In hell erleuchteten Gängen, vorbei an Schaufenstern, sollen sie bequem und einfach, ganz ohne Langeweile ihr Ziel erreichen.

Dass private Unternehmer bereits von Anfang an bei der Entstehung der Untergrundstadt beteiligt waren, führte zu einer starken Abhängigkeit der Ville Intérieure von der jeweiligen wirtschaftlichen Situation Quebecs – die Provinz, in der Montreal liegt. Besonders sichtbar wurde das Anfang der 1980er Jahre, als viele Hauptgeschäftssitze und rund 300.000 Bewohner aus Montreal auswanderten und nach Toronto zogen. Parallel dazu geriet die Entwicklung der Untergrundstadt ins Stocken, wuchs langsamer als zuvor.

Kaum hatte sich die Wirtschaftslage einige Jahre später erholt, wuchs auch das Geflecht unter Montreal wieder unaufhaltsam weiter. Fast jährlich schlossen sich neue Konsumtempel an. Zunächst entstand das Les Promenades de Cathédrale – direkt unter der Christ Church Cathedral. Die Bauarbeiten wurden so geplant, dass die Kirche niemals geschlossen werden musste. In der Ladenpassage erinnern Architekturelemente wie Spitzbögen an der Decke daran, dass man direkt unter einem Gotteshaus steht.

Im Jahr 1991 kam das Eaton Centre dazu. Bis heute ist es das größte Kaufhaus im Stadtzentrum. Ein Jahr später folgte das 1000 de la Gauchetiere: Mit 205 Metern ist der Wolkenkratzer fast so hoch wie der Mont Royal. In dem Gebäude befindet sich eine Eislaufbahn, im Untergrund ein ganzer Busbahnhof.

Bei den neueren Einkaufszentren wie dem Eaton Centre, Les Promenades de Cathedrale und 1000 de la Gauchetiere orientierten sich die Architekten gern an den italienischen Einkaufsgalerien des 19. Jahrhunderts. Ganz ähnlich wie dort erlauben die tonnenförmigen Glasdächer und prächtigen Glaskuppeln den Blick nach oben – auf die Hochhäuser von Downtown Montreal.

45 Jahre, nachdem Vincent Ponte seine Idee einer Untergrundstadt vorgestellt hatte, hat die Realität die damalige Vision längst übertroffen. Zehn Metrostationen, zwei Bus- und zwei Bahnhöfe entlasten den oberirdischen Verkehr. Geschäfte, Büro- und Wohngebäude sowie zwei Universitäten sind mit dem Tunnelsystem verbunden und bieten den Stadtbewohnern das, was sie sich wünschen: Erholung, Abwechslung und ein angenehmes Klima – selbst im frostigen Winter.

Peking

Das alte Peking – vor kaum 20 Jahren war es noch in fast jedem Viertel der Stadt zu sehen. In den engen Gassen, den „Hutongs", herrschte ständig Trubel: Riksha-Fahrer schlängelten sich an Fußgängern vorbei, Straßenhändler verkauften an ihren Ständen gegrillte Fleischspieße und Kohl. Auf den Gehsteigen hockten alte Männer und warfen kleine Steine auf Spielbretter. Sie forderten sich im beliebten Glücksspiel Mah-Jongg heraus. Das Klacken der Steine war aus dem Straßenalltag nicht wegzudenken.

Die einstöckigen Häuser klebten nahtlos aneinander in den Hutongs. Hinter ihren Mauern mit geschwungenen Ziegeldächern und Toren aus rotem Mahagoni spielte sich das Leben der Pekinger Großfamilien ab. Hühner und Enten gackerten im Innenhof, während in den Küchen die Frauen allerlei Speisen, wie gefüllte Teigtaschen, Nudeln und gedämpften Fisch, vorbereiteten. Aus den Fenstern drang der Duft von frisch gebratenem Ingwer, gemischt mit dem der Räucherstäbchen. Abgeschirmt von den Blicken der Passanten gaben diese Höfe den Bewohnern Privatsphäre und vor allem Ruhe – ein seltenes Gut in Peking.

Ständiger Lärm und akuter Platzmangel sind charakteristisch für die Hauptstadt Chinas. Der Wandel zum modernen Zeitalter vollzieht sich in dieser Metropole mittlerweile in rasantem Tempo. Die Mah-Jongg-Spieler, Straßenhändler und Riksha-Fahrer gibt es nach wie vor. Die traditionellen Wohnviertel mit den Hutongs sind dagegen nahezu verschwunden. Acht Jahrhunderte hatten sie das Stadtbild geprägt, doch nun waren sie der Regierung zu altmodisch und reichten nicht mehr aus, um der stetig wachsenden Stadtbevölkerung Unterkunft zu bieten. Deshalb wurden in jüngster Zeit viele der Hutongs abgerissen und durch breite Straßen ersetzt. Wie Pilze schossen in der ganzen Stadt die „Condominiums", mehrstöckige Wohnblocks, aus dem Boden. Die typischen kleinen Garküchen wichen Filialen der westlichen Fast-Food-Restaurants. Pünktlich zu den Olympischen Spielen im Jahr 2008 waren fast alle Spuren des alten Peking beseitigt. Die Metropole ist seitdem kaum wiederzuerkennen.

Das gilt aber nur für die Oberfläche. Unter der Erde existiert noch eine weitere Stadt. Und deren Gesicht hat sich seit Jahrzehnten kaum verändert. Sie ist groß – so groß, dass niemand zu wissen scheint, wie weit sich ihr Labyrinth aus Tunneln und Kammern tatsächlich erstreckt. Mit Schlafräumen, Geschäften, Kinos und Theatersälen hätte die Untergrundstadt ihre Bewohner sogar über das Nötigste hinaus versorgen können. Doch der nukleare Ernstfall, für den Mao Zedong sie einst errichten ließ, trat nie ein. Die nachfolgenden Generationen funktionierten Teile dieses Tunnelsystems zu Kaufhäusern und Restaurants um. Die übrigen Räume liegen jedoch bis heute verlassen. Noch vor wenigen Jahren konnte die Öffentlichkeit einen kleinen Abschnitt der Untergrundstadt besichtigen. Doch plötzlich wurden die Türen zu dem unterirdischen Labyrinth verriegelt. Das Schicksal der vergessenen Geisterstadt scheint vorerst besiegelt.

Es ist das Jahr 2007. Eine Gruppe aus mehreren Personen hat sich im Stadtviertel Quianmen versammelt, nur zehn Minuten vom Platz des himmlischen Friedens entfernt. Quianmen ereilte dasselbe Schicksal wie andere Wohnviertel und wurde in den letzten Jahren von Baggern und Abrissbirnen heimgesucht. Doch sein Untergrund ist derselbe geblieben. Die Gruppe wartet vor einem Eingang zum Tunnelsystem, von wo aus offizielle Touren angeboten werden. Die Besucher werden hineingelassen, steigen auf Treppen etwa zehn Meter hinab in die Tiefe. Unten angekommen, führt sie ein Tourguide eine halbe Stunde lang durch halbrunde, grob gehauene Tunnel, vorbei an massiven Stahltüren, die Einblicke in leere Schlafquartiere, verlassene Schulräume und Friseurläden bieten. Nackte Glühbirnen leuchten von der Decke. An Abzweigungen stehen Wegweiser mit Aufschriften wie „Forbidden City" und „Tiananmensquare". Ob die entsprechenden Tunnel tatsächlich zu diesen Zielen führen, lässt sich kaum sagen: Das schwache Licht erhellt nur wenige Meter, dahinter liegt alles im Dunkeln. Die kahlen Wände sind sparsam dekoriert: mit Porträts von Karl Marx, Wladimir Lenin, Josef Stalin und natürlich Mao Zedong. Doch auch mit großen Fresken, auf denen Kommunisten mit Spitzhacken und Schaufeln arbeiten. Mit rosafarbenen Plastikblumen in Töpfen. Und mit Parolen in roten chinesischen Schriftzeichen: „Bereitet euch auf den Krieg vor!" und „Bekämpft Amerika!".

Nach kaum 220 Metern ist die Führung für die Touristen zu Ende. Von einem Moment auf den anderen stehen sie in einem hell erleuchteten Raum, in dem ein Dutzend Frauen sitzen und an Tischen mit eingelassenen Waschbecken demonstrieren, wie Seide hergestellt wird. Natürlich nicht, ohne am Ende die Seidentücher zum Verkauf anzubieten. Nach der Zeitreise hat die Realität die Besucher wieder eingeholt. Aber zumindest konnten sie einen Bruchteil des Tunnelsystems mit eigenen Augen sehen.

Heute umrahmen immer noch zwei Löwenskulpturen den einstigen Toreingang zum Untergrundmuseum im Quianmenviertel. Doch die Tür bleibt verriegelt. Auf der Wand blättert die Aufschrift „Beijing Underground City" langsam ab. Menschen, die vor wenigen Jahren noch das Glück hatten, eine Tour durch die Untergrundstadt mitzuerleben, beschreiben die Atmosphäre als unheimlich. Still, frostig und einsam war es dort unten. Eben ganz anders als zwischen den lärmenden, überhitzten Menschenmassen an den Hauptsehenswürdigkeiten Pekings, wie in der Verbotenen Stadt oder den Tempelanlagen.

Manche behaupten, dass die Untergrundstadt Raum für 300.000 Menschen geboten hätte, andere sprechen von vier Millionen. Man-

Ein weitverzweigtes System aus Tunneln und Räumen sollte den Bewohnern Pekings Schutz vor einem nuklearen Angriff bieten.

che sagen, dass sie eine Fläche von 85 Quadratkilometern bedeckt, andere sind wiederum davon überzeugt, dass die Gänge bis außerhalb der Stadt reichen und sich über eine Gesamtlänge von über 1000 Kilometern erstrecken. So sehr die Angaben variieren, eines bleibt dabei klar: Unter Peking existiert ein weitverzweigtes System aus Tunneln und Räumen, das den Bewohnern Schutz vor einem nuklearen Angriff bieten sollte. Die Dimension der Untergrundstadt ist offensichtlich unvorstellbar groß – und ein einzigartiges Beispiel dafür, welche ungeahnten Kräfte die Angst in Menschen freisetzen kann.

Kurz nach dem Tod Josef Stalins verschlechterten sich die Beziehungen zwischen China und der Sowjetunion zunehmend. Peking kritisierte den Kurs der „Entstalinisierung". Mit dem Beginn der Kulturrevolution brachen die Kontakte auf Parteiebene ab. Im Jahr 1969 fand das Zerwürfnis der beiden Mächte seinen Höhepunkt im sogenannten Zwischenfall am Ussuri: Wegen der unklaren Besitzverhältnisse einer Insel kam es an dem Grenzfluss zu einer blutigen Auseinandersetzung zwischen sowjetischen Soldaten und Verbänden der chinesischen Volksbefreiungsarmee. China war nun endgültig davon überzeugt, dass dem Land der Krieg mit Atomwaffen bevorstand. Maos Anweisung an das Volk lautete: „Tief graben!". Nicht nur in Peking, sondern im ganzen Land ließ er Luftschutzbunker und -keller errichten. Männer und Frauen, sogar Kinder ab 13 Jahren – rund 70.000 Menschen – folgten in Peking seinem Befehl. Sie bauten Tunnel und Luftschutzbunker unter Fabriken, Büros und Geschäften. Für das Graben benutzten sie einfache Hacken und Schaufeln, oft ihre bloßen Hände. In Bambuskörben hoben sie den Schutt an die Oberfläche und trugen Baumaterial wie Ziegel der alten Stadtmauer Pekings in den Untergrund. Die Berufstätigen unter ihnen schufteten bis spät in die Nacht, weil sie tagsüber ihrer gewohnten Arbeit nachgehen mussten. Wie viele von ihnen unter eingestürzten Abschnitten der Tunnel sterben mussten, kann nur geschätzt werden. Es dürften Tausende gewesen sein.

Zehn Jahre dauerten die Bauarbeiten an der Untergrundstadt von Peking. Die Bunker unter der Erde sollten vor nuklearen Anschlägen und Gasangriffen schützen. Mehr als 2000 Lüftungsschächte wurden eingebaut.

Als Mao Zedong im Jahr 1979 starb und sein Nachfolger Deng Xiaoping faktisch die Führung des Landes übernahm, wurden die Bauarbeiten an der Untergrundstadt eingestellt. Das Verhältnis zwischen Moskau und Peking entspannte sich in den folgenden Jahren. Gleichzeitig wurde ein nuklearer Angriff zunehmend unwahrscheinlicher. Mit der Bedrohung, wegen der die Bunker unter Peking einst gebaut worden waren, verschwand auch ihr Nutzen. Weil es jedoch in der ständig wachsenden Metropole an Platz mangelte, dauerte es nicht lange, bis die Stadt einen neuen Verwendungszweck für das Tunnelsystem fand. In vielen Abschnitten wurden Hotels eingerichtet. Heute sind es rund 100, in denen mehr als 10.000 Betten den Reisenden eine Übernachtungsmöglichkeit bieten. Es gibt aber auch unterirdische Kaufhäuser, wie beispielsweise das unter der bekannten Einkaufsmeile Wangfujingstraße. In anderen Abschnitten wurden Restaurants und Geschäfte eröffnet. Es gibt sogar eine Rollschuhbahn und zwei Theater. Jugendherbergen bieten Zimmer an, für die man mit dem Fahrstuhl erst einmal bis zu vier Stockwerke in die Tiefe fahren muss. Im Gegensatz zu solchen Einrichtungen, die modern umgebaut wurden und für jeden zugänglich sind, wurde der Rest des Tunnelsystems in seinem originalen Zustand belassen. Die kargen Räume der Untergrundstadt vergab Peking zeitweise lediglich an Wanderarbeiter, die bis heute massenweise in die Stadt ziehen, um Arbeit zu suchen.

Für die bevorstehenden Olympischen Spiele wurde Peking an der Oberfläche einem ordentlichen „Grundputz" unterzogen. Die Untergrundstadt dagegen ließen die Behörden räumen und schließen. Die Bewohner und neugierige Reisende stoßen trotzdem immer wieder auf Wege in das weitverzweigte Labyrinth. Manche Verkäufer kennen Eingänge, die direkt unter dem Holzboden ihrer Geschäfte liegen. Es kommt auch vor, dass Stadtbewohner ganz zufällig von Zugängen unter ihren Häusern und Innenhöfen erfahren oder schmale Schächte mit Treppen entdecken, die in einen der vielen Tunnel der Untergrundstadt führen.

Die zahlreichen Wanderarbeiter, die ihre Bleibe bei der Schließung der Untergrundstadt verloren hatten, fanden vermutlich bald ein neues Schlafquartier – in derselben Preisklasse und auf demselben Bodenniveau. Denn die Bewohner Pekings hatten nicht nur die Untergrundstadt, sondern auch Luftschutzräume in ihre eigenen Keller gebaut, die nicht an das Tunnelsystem angeschlossen waren. Das hat sich bis heute nicht geändert. Wenn ein neues Gebäude in Peking entsteht, muss es vorschriftsgemäß auch einen Luftschutzkeller besitzen. An die 20.000 solcher Luftschutzkeller existieren heute unter Peking. Hier gibt es genügend Schlafplatz, nicht nur für die Wanderarbeiter.

Der Abriss der einstöckigen Häuser in den traditionellen Wohnvierteln und der Bau unzähliger Wohnblöcke hat das Raumproblem in Peking bislang nicht gelöst. Im Gegenteil: In der Hoffnung auf einen Job ziehen immer mehr Menschen von der Provinz in die Metropole. Dazu gehören längst nicht mehr nur die Wanderarbeiter. Auch Geringverdiener wie Kellner, Bauarbeiter, Verkäufer und junge Studenten verlassen ihre Familien auf dem Land und versuchen ihr Glück in Peking. Doch die Mietpreise sind schwindelerregend hoch. Und sie steigen jedes Jahr um durchschnittlich 15 Prozent. Gerade die neu Zugezogenen können sich das Wohnen in der Großstadt eigentlich nicht leisten. Statt aber wie in Mexiko-Stadt oder anderen Metropolen in Slums zu leben, gründen sie Massenwohngemein-

In der Untergrundstadt von Peking.

schaften. In manchen dieser WGs leben bis zu 25 Bewohner in einem einzigen Zimmer.

Die zahlreichen Luftschutzkeller unter Peking bieten zusätzlichen Wohnraum. Mit jedem neuen Gebäude kommen weitere hinzu. Die Hausbesitzer machen ihre Keller bewohnbar. Sie stellen Betten auf und bauen Toiletten ein, sorgen für Elektrizität, Wasser und Internetanschlüsse. Und schon ist die unterirdische Behausung eingerichtet und beziehbar. Manche Vermieter der Keller stellen extra Putzkolonnen ein, um die Unterkünfte sauber zu halten. In Peking sind die umfunktionierten Luftschutzkeller für viele Menschen die einzige Möglichkeit, möglichst nah an ihrer Arbeitsstelle zu leben und nicht in die weit entfernte Peripherie der Stadt ziehen zu müssen. Hier unten zahlen sie gerade einmal die Hälfte der oberirdischen Mietpreise. Heute gehören zu Pekings „Rattenbevölkerung", wie die Bewohner des Untergrunds von der Gesellschaft genannt werden, nicht weniger als zwei Millionen Menschen. Es ist im wahrsten Sinne eine Großstadt unter der Großstadt entstanden.

Bis zu zwei Stockwerke tief liegen die Zimmer, manche so klein wie eine Gefängniszelle, andere wiederum so groß, dass rund 20 Menschen in einem einzigen Raum einquartiert werden. Schließlich soll der kostbare Platz bis auf den letzten Quadratmeter genutzt werden. Das Leben im Untergrund ist gewöhnungsbedürftig. Hier unten ist es klamm und die Belüftung ist sehr schlecht. Ständig liegt einem der modrige Kellergeruch in der Nase. Flackernde Neonlampen beleuchten die fensterlosen Räume. Die Bewohner sehen aber durchaus auch Vorteile: Im Sommer ist es kühl, im Winter dagegen warm. Und dann diese unglaubliche Ruhe. Die gibt es gerade in Peking so selten. Auf Dauer bleiben will trotzdem so gut wie keiner von den Bewohnern.

Die „Rattenbevölkerung" wird in Peking gering geschätzt. Immer wieder verabschiedeten die Behörden Verordnungen, die ungern gesehenen Kellerbehausungen zu räumen und dauerhaft zu verbieten – unter anderem mit der Begründung, dass die Sicherheitsstandards gegen Feuer und Überflutungen mangelhaft seien. Umgesetzt hat Peking diese Pläne bis jetzt nicht. Wohin auch mit zwei Millionen Menschen, wenn es auf der Oberfläche an Wohnraum zu bezahlbaren Mietpreisen fehlt?

Mit großen Schritten bewegt sich Peking unermüdlich in Richtung Zukunft. Die Stadt besaß zum Ende des 20. Jahrhunderts nur zwei Metrolinien. Mittlerweile sind es 17 mit einer Gesamtlänge von rund

460 Kilometern. Lebten in den 1950er Jahren noch unter drei Millionen Menschen in der Kernstadt, sind es heute fast acht Millionen. Da ist es nur noch eine Frage der Zeit, bis die letzten der Hutongs verschwinden. Ob die vielen neuen Wohnblocks auch der „Rattenbevölkerung" eine Chance geben werden, wieder an der Oberfläche zu leben, bleibt offen. Jedenfalls gilt Chinas Hauptstadt weiterhin als eine der teuersten Städte der Welt. Das Wohnen im Untergrund könnte im zukünftigen Peking endgültig zur Normalität werden.

ANHANG

Manche der beschriebenen unterirdischen Orte sind öffentlich zugänglich. Für alle anderen Unterwelten gibt es auf den folgenden Seiten Kontaktadressen von Experten und Vereinen, weiterführende Websites sowie Informationen zu geführten Touren.

Paris
Katakomben von Paris
1 Avenue du Colonel Henri Rol-Tanguy
75014 Paris
Tgl. geöffnet von 10 bis 17 Uhr, Mo und feiertags geschlossen
Website: www.catacombes.paris.fr

Führungen in das Carrière des Capucins werden nur für Gruppen und ausschließlich auf Französisch angeboten. Weitere Informationen hierzu unter:
S.E.A.D.A.C.C.
Hôpital Cochin
27 rue du Faubourg Saint Jacques
75014 Paris
E-Mail: association@seadacc.com
Website: www.seadacc.com

Experte für Fragen rund um die Geschichte des Pariser Untergrunds:
Gilles Thomas
E-Mail: Gilles.Thomas@paris.fr

Neapel

Napoli Sotterranea
Piazza San Gaetano 68
80138 Neapel
Website: www.napolisotterranea.org

Tunnel Borbonico
Vico del Grottone 4
80132 Neapel
Website: www.tunnelborbonico.info

Geführte Touren zur Cimitero delle Fontanelle und den Katakomben von
St. Gaudioso und St. Gennaro bietet der Verein „La Paranza" an.
Via Tondo di Capodimonte 13
80136 Neapel
Website: www.catacombedinapoli.it

Rom

Geführte Touren in den Untergrund Roms bietet der Verein „Roma Sotterranea" an.
Website: www.romasotterranea.it

Wien

Die Unterwelt-Experten Wiens sind:

Robert Bouchal
Website: www.bouchal.com

Dr. Marcello La Speranza
Website: www.marcellolasperanza.at

Touren in die Unterwelt bietet Gabriele Lukacz an.
Website: www.magisch-reisen.at

London

Touren zu den Lost Rivers unter London bietet der Buchautor Paul Talling
an.
Website: www.londonslostrivers.com

Budapest
Pálvölgyi-Höhle
Szépvölgyi út 162
1025 Budapest
Website: www.palvolgyi.atw.hu

Szemlöhegyi-Höhle
Pusztaszeri út 35
1025 Budapest
Website: www.szemlohegyi.atw.hu

Felsenkrankenhaus
Lovas út 4/c
1012 Budapest
Führungen Mo bis So zwischen 10 und 19 Uhr
Website: www.sziklakorhaz.eu

Burgberg-Labyrinth
1., Úri utca 9
1014 Budapest
Geöffnet tgl. 9:30 bis 18 Uhr

Hamburg
Der Hamburger Unterwelten e. V. bietet geführte Touren durch verschiedene
Bunker in Hamburg an.
Website: www.hamburgerunterwelten.de

Berlin
Der Berliner Unterwelten e. V. bietet geführte Touren in den Berliner
Untergrund an.
Berliner Unterwelten e. V.
Brunnenstraße 105
13355 Berlin
Website: www.berliner-unterwelten.de

Istanbul
Für Fragen rund um das archäologische Forschungsprojekt unter der
Hagia Sophia, Topkapı-Palast und Hippodrom:
Dr. Cigdem Özkan-Aygün
Fine Arts Department
Istanbul Technical University
Website: www.hagiasophiasubterranean.itu.edu.tr

Tokio
Informationen über Führungen in die G-Cans unter
www.ktr.mlit.go.jp/edogawa/gaikaku/index.html

Köln
Das Römisch-Germanische Museum der Stadt Köln zeigt das archäologische
Erbe der Stadt und ihres Umlands von der Altsteinzeit bis ins frühe Mittel-
alter.
Roncalliplatz 4
50667 Köln
Geöffnet Di bis So 10 bis 17 Uhr
Website: http://www.museenkoeln.de/home/Roemisch-Germanisches-
Museum

Mexiko-Stadt
Templo Mayor Museum
Seminario 8
Centro Histórico
Cuauhtémoc
06060 Mexiko-Stadt
Geöffnet Di bis So von 9 bis 17 Uhr
Website: www.templomayor.inah.gob.mx

Montreal
Informationen zur Untergrundstadt von Montreal auf der Website des
Observatoire de la ville intérieure: www.observatoiredelavilleinterieure.ca

WEITERFÜHRENDE LITERATUR

Allgemein
A. Marshall, Beneath the Metropolis, New York 2006.
P. Hall, Cities of Tomorrow. An Intellectual History of Urban Planning and Design in the Twentieth Century, Oxford 1988.
D. Bronger, Metropolen, Megastädte, Global Cities. Die Metropolisierung der Erde, Darmstadt 2004.
R. Daus, Weltstadtinszenierungen. Monomanische Berichte aus Berlin, Paris, Mexiko-Stadt, Shanghai, Berlin 2008.

Paris
G. Thomas, The Catacombs of Paris, Paris 2011.
G. Liehr & O. Faÿ, Der Untergrund von Paris. Ort der Schmuggler, Revolutionäre, Kataphilen, Berlin 2000.
A. Clément & G. Thomas, Atlas du Paris souterrain. La doublure sombre de la Ville lumière, Paris 2001.
A. Dumas, Les mille et un fantômes. Project Gutenberg 2005.

Neapel
S. Pisani & K. Siebenmorgen, Neapel. Sechs Jahrhunderte Kulturgeschichte, Berlin 2009.
L. Magri, Das Leere unter Neapel – Negativbild einer Stadt. In: Schattenwelt, hg. v. Berliner Unterwelten e.V., Ausgabe 1/2012, S. 56–65.
D. Richter, Neapel. Biographie einer Stadt, Berlin 2005.

Berlin
D. Arnold & I. Arnold, Dunkle Welten. Bunker, Tunnel, Gewölbe unter Berlin, Berlin 2004.
N. Rollmann & E. Elfert, Die Stadt unter der Stadt. Das unterirdische Berlin, Berlin 2010.
D. Arnold & R. Janick, Sirenen und gepackte Koffer. Bunkeralltag in Berlin, Berlin 2003.

J. Meyer-Kronthaler, Berliner U-Bahn: In Fahrt seit hundert Jahren, Berlin 2001.

K. Fings & F. Möller (Hrsg.), Zukunftsprojekt Westwall. Wege zu einem verantwortungsbewussten Umgang mit den Überresten der NS-Anlage. Tagung in Bonn vom 3.–4. Mai 2007, Weilerswist 2008.

D. Ziegler, Die industrielle Revolution, Darmstadt 2009.

W. Feldenkirchen, Werner von Siemens, München 2000.

S. Bohle-Heintzenberg, Architektur der Berliner Hoch- und Untergrundbahn, Berlin 1980.

Hamburg

U. Christiansen, Hamburgs dunkle Welten. Der geheimnisvolle Untergrund der Hansestadt, Berlin 2010.

M. Foedrowitz, Bunkerwelten. Luftschutzanlagen in Norddeutschland, Augsburg 2011.

I. Marszolek & M. Buggeln, Bunker. Kriegsort, Zuflucht, Erinnerungsraum, Frankfurt 2008.

Wien

G. Lukacs & R. Bouchal, Geheimnisvolle Unterwelt von Wien. Keller – Labyrinthe – Fremde Welten, Wien 2011.

A. Glück & M. La Speranza & P. Ryborz, Unter Wien. Auf den Spuren des Dritten Mannes durch Kanäle, Grüfte und Kasematten, Berlin 2001.

R. Bouchal & M. La Speranza, Wien – Die letzten Spuren des Krieges. Relikte & Entdeckungen, Wien 2012.

R. Bouchal & J. Sachslehner, Mystisches Wien. Verborgene Schätze, Versunkene Welten, Orte der Nacht, Wien 2004.

M. La Speranza, Burgen, Bunker, Bollwerke. Historische Wehranlagen zwischen Passau und Hainburg, Graz 2004.

B. Schedl, Klosterleben und Stadtkultur im mittelalterlichen Wien. Zur Architektur religiöser Frauenkommunen, in: Forschungen und Beiträge zur Wiener Stadtgeschichte, hg. v. Susanne Claudine Pils, Wien 2009.

New York

J. Solis, New York Underground. Anatomie einer Stadt, Berlin 2002.

M. Morton, Der Tunnel. Die Obdachlosen im Untergrund von New York City, München, Paris, London 1996.

P. E. Delaney, Sandhogs. A History of the Tunnel Workers of New York, New York 1983.

Moskau

T. Kunze, Russlands Unterwelten. Eine Zeitreise durch geheime Bunker und vergessene Tunnel, Berlin 2008.

D. Neutatz, Die Moskauer Metro. Von den ersten Plänen bis zur Großbaustelle des Stalinismus, Köln/Weimar/Wien 2001.

R. Ross, Waiting for the End of the World, New York 2004.

Istanbul

U. Aydinli, Das verborgene Istanbul, in: Schattenwelt, hg. v. Berliner Unterwelten e. V., Ausgabe 1/2013, S. 78–83.

Ç. Aygün-Özkan, Wells, Subterranean Tunnels and water systems in and around Hagia Sophia in Istanbul, in: FeRA (Frankfurter elektronische Rundschau zur Altertumskunde), 2006.

Ç. Aygün-Özkan, New Findings on Hagia Sophia Subterranean and its Surroundings. In: Bizantinistica, Vol. 12, Fondazione Centro Italiano di studi sull'alto Medioevo di Spoleto, 2011, S. 57–108.

Ç. Aygün-Özkan, Ayasofya ve Topkapı. In: National Geographic Mart., 2010, S. 56–70.

J. Crow & J. Bardill & R. Bayliss, The Water Supply of Byzantine Constantinople, hg. v. Society for the Promotion of Roman Studies, in: Journal of Roman Studies, No. 11, 2008.

B. Moser, Kleine Geschichte Istanbuls, Regensburg 2010.

P. Schreiner, Konstantinopel. Archäologie und Geschichte, München 2007.

Rom

I. D. Portella, Das unterirdische Rom. Katakomben, Bäder, Tempel, Köln 2000.

J. Fink, Die römischen Katakomben, Mainz 1997.

M. Brinke & P. Kränzle, Rom. Ein archäologischer Führer, Stuttgart 2006.

K. Grewe: Meisterwerke antiker Technik, Mainz 2010.

Tokio

G. Golany & K. Hanaki & O. Koide, Japanese urban environment, New York 1998.

Yurina Otaki, Water systems and urban sanitation in Tokyo and Singapore during the 19th to 20th centuries. In: International Summer Academy on Technology Studies – Urban Infrastructure in Transition, 2004.

E. Seidensticker, Low City, High City. Tokyo from Edo to the Earthquake, 1867–1923, New York 1983.
Axel Bojanowski, Taifunschutz in Tokio: Unterirdische Kathedralen sammeln Regenfluten. In: Spiegel Online, 21. September 2011.

London
P. Talling, London's Lost Rivers, London 2011.
N. Barton, The Lost Rivers of London. A Study of their Effects upon London and Londoners, and the effects of London and Londoners upon them, London 1992.
R. Trench, London under London. A Subterranean Guide, London 1993.

Budapest
J. Hauszmann, Kleine Geschichte Budapests, Regensburg 2012.
G. Michel, Mineral- und Thermalwässer – Allgemeine Balneogeologie. Lehrbuch der Hydrogeologie, Bd. 7, Berlin 1997.
R. Wenger, Höhlen – Welt ohne Licht. Entstehung, Erscheinungsformen, Tierleben, Höhlenforschung, München 2007.

Köln
ZeitTunnel. 2000 Jahre Köln im Spiegel der U-Bahn-Archäologie, hg. v. M. Trier & F. Naumann-Steckner, Köln 2012.
Von Anfang an. Archäologie in Nordrhein-Westfalen, hg. v. H. G. Horn & H. Hellenkemper & G. Isenberg & J. Kunow, Mainz 2005.
Fundgeschichten. Archäologie in Nordrhein-Westfalen, hg. v. T. Otten & H. Hellenkemper & J. Kunow & M. M. Rind, Mainz 2010.

Lima
C. Julien, Die Inka, München 2001.
M. Murphy, Violence and Weapon-related Trauma at Puruchuco-Huaquerones, Peru. In: American Journal of Physical Anthropology, Vol. 142, 2010, S. 636–649.
C. Stanish, Regional research on the Inca. In: Journal of Archeaological Research, Vol. 9, No. 3, 2001.
M. Wood, Auf den Spuren der Konquistadoren, Stuttgart 2003

Mexiko-Stadt
D. Carrasco & L. López Luján & E. M. Moctezuma, Breaking through Mexico's past: digging the Aztecs with Eduardo Matos Moctezuma, Albuquerque 2007.

H. Prem, Die Azteken, München 1999.

B. Riese, Das Reich der Azteken, München 2011.

Montreal

M. Boisvert, Montréal et Toronto: villes intérieures. Les Presses de l'Université de Montréal, Montreal 2011.

M. Boisvert, Modeling pedestrian flows in Montréal's indoor city. Paper presented to the Xth Congress of the Association of Research Centers devoted to Underground Urban Space (ACUUS) in Moscow, Russia, January 24–28, 2005.

S. Durmisevic, The future of the Underground Space. In: Cities, Vol. 16, No. 4, 1999, S. 233–245.

J. Besner, Develop the Underground Space with a Master Plan or Incentives. Underground Space: expanding the frontiers, 11th ACUUS International Conference, Athen 2007.

Peking

C. S. Smith, Beijing Journal; Mao's Buried Past: A Strange, Subterranean City. In: The New York Times, 26. November 2001.

E. Wong, The Air-Raid-Shelter Apartments Under Beijing. In: The New York Times, 22. April 2011.

ABBILDUNGSNACHWEIS

S. 12, S. 15 © Emmanuel Gaffard

S. 25, S. 65 © Leoni Hellmayr

S. 28 © Associazione Culturale Borbonica Sotterranea

S. 31 © *Wikimedia* Commons / Lalupa

S. 36 © Berliner Unterwelten e.V. / Dietmar Arnold

S. 41, S. 44 © Berliner Unterwelten e.V. / Holger Happel

S. 48, S. 54 © Hamburger Unterwelten / Michael Brandes

S. 57, S. 61 © www.bouchal.com

S. 69, S. 111 © *Peter* Essick, http://peteressick.com

S. 79 © *Wikimedia* Commons / A. Savin

S. 89 © Saygun Dura. Archaeological Survey of İstanbul Subterranean – Water Structures under the First Hill – Hagia Sophia, Topkapi Palace, Hippodrome, director Dr. Çiğdem Özkan-Aygün, Fine Arts Department, Istanbul Technical University. http://www.hagiasophiasubterranean.itu.edu.tr/

S. 92 © Ali Ethem Keskin. Archaeological Survey of İstanbul Subterranean – Water Structures under the First Hill – Hagia Sophia, Topkapi Palace, Hippodrome, director Dr. Çiğdem Özkan-Aygün, Fine Arts Department, Istanbul Technical University. http://www.hagiasophiasubterranean.itu.edu.tr/

S. 97 © akg-images / Rainer Hackenberg

S. 101, S. 104 © Roma Sotterranea archive

S. 114 © flickr / technostan

S. 119 © Guildhall Art Gallery, City of London / The Bridgeman Art Library; Entrance to Fleet River (oil on canvas), Scott, Samuel (c. 1702–72)

S. 131 © Tomek Stachura, http://stachuraphoto.com

S. 137 © laif/ Oliver Tjaden; Bildnr. 02057470 Ausgrabungen U-Bahn Köln

S. 145 © Ira Block Photography Ltd.

S. 155 © *Wikimedia* Commons / Tobias Boyd

S. 158 © *Wikimedia* Commons / miguelão

S. 167 © *Wikimedia* Commons / Stéphane Batigne

S. 175, S. 179 © Richard Ross Studio, www.richardross.net